D1806559

Ο ΟΥΣΙΑΣΤΙΚΟΣ ΟΔΗΓΟΣ ΓΙΑ ΝΑ ΜΑΓΕΙΡΕΤΕ ΤΟ ΣΟΛΟΜΟ

90 ΣΥΝΤΑΓΕΣ ΣΟΛΩΜΟΥ ΨΗΤΌ, ΣΤΟ ΦΟΎΡΝΟ, ΠΟΣΈ ΚΑΙ ΤΗΓΑΝΗΤΌ

Λεωνίδας Λιάπης

Ολα τα δικαιώματα διατηρούνται.

Αποποίηση ευθυνών

Οι πληροφορίες που περιέχονται σε αυτό το eBook προορίζονται να χρησιμεύσουν ως μια ολοκληρωμένη συλλογή στρατηγικών για τις οποίες ο συγγραφέας αυτού του eBook έχει κάνει έρευνα. Οι περιλήψεις, οι στρατηγικές, οι συμβουλές και τα κόλπα συνιστώνται μόνο από τον συγγραφέα και η ανάγνωση αυτού του eBook δεν εγγυάται ότι τα αποτελέσματα θα αντικατοπτρίζουν ακριβώς τα αποτελέσματα του συγγραφέα. Ο συγγραφέας του eBook έχει καταβάλει όλες τις εύλογες προσπάθειες για να παρέχει τρέχουσες και ακριβείς πληροφορίες στους αναγνώστες του eBook. Ο συγγραφέας και οι συνεργάτες του δεν θα θεωρηθούν υπεύθυνοι για τυχόν ακούσιο λάθος ή παραλείψεις που ενδέχεται να εντοπιστούν. Το υλικό στο eBook μπορεί να περιλαμβάνει πληροφορίες από τρίτα μέρη. Το υλικό τρίτων περιλαμβάνει απόψεις που εκφράζονται από τους ιδιοκτήτες τους. Ως εκ τούτου, ο συγγραφέας του eBook δεν αναλαμβάνει καμία ευθύνη ή ευθύνη για οποιοδήποτε υλικό ή απόψεις τρίτων.

Το eBook είναι πνευματική ιδιοκτησία © 2023 με την επιφύλαξη παντός δικαιώματος. Είναι παράνομη η αναδιανομή, η αντιγραφή ή η δημιουργία παράγωγου έργου από αυτό το eBook εν όλω ή εν μέρει. Κανένα μέρος αυτής της έκθεσης δεν επιτρέπεται να αναπαραχθεί ή να αναμεταδοθεί σε οποιαδήποτε αναπαραγωγή ή αναμετάδοση σε οποιαδήποτε μορφή χωρίς τη γραπτή ρητή και υπογεγραμμένη άδεια από τον συγγραφέα.

ΠΙΝΑΚΑΣ ΠΕΡΙΕΧΟΜΕΝΩΝ

4

ΕΙΣΑΓΩΓΗ

Ο σολομός είναι ένα λιπαρό ψάρι που συνήθως ταξινομείται από τον ωκεανό στον οποίο βρίσκεται. Στον Ειρηνικό, θεωρούνται μέρος του γένους Oncorhynchus και στον Ατλαντικό, ανήκουν στο γένος Salmo. Υπάρχει μόνο ένα μεταναστευτικό είδος του Ατλαντικού, αλλά πέντε υπάρχοντα είδη σολομού του Ειρηνικού: Chinook (ή βασιλιάς), sockeye (ή κόκκινο), coho (ή ασημί), ροζ και chum.

Η βιταμίνη B12 στον σολομό διατηρεί το βουητό του αίματος και των νευρικών κυττάρων και σας βοηθά να δημιουργήσετε DNA. Αλλά για την υγεία σας, η πραγματική ομορφιά του σολομού είναι ο πλούτος του σε ωμέγα-3 λιπαρά οξέα. Τα περισσότερα ωμέγα-3 είναι «απαραίτητα» λιπαρά οξέα. Το σώμα σας δεν μπορεί να τα φτιάξει, αλλά παίζουν κρίσιμους ρόλους στο σώμα σας.

1. Ιαπωνικό μπολ σολομού

Μέγεθος σερβιρίσματος: 4

Συστατικά:

- Σάλτσα τσίλι, ένα κουταλάκι του γλυκού
- Σάλτσα σόγιας, ένα κουταλάκι του γλυκού
- Ρύζι, δύο φλιτζάνια
- Σησαμέλαιο, μία κουταλιά της σούπας
- Τζίντζερ, δύο κουταλιές της σούπας
- Αλάτι και πιπέρι για να γευτείς
- Σουσάμι, ένα κουταλάκι του γλυκού
- Ξίδι, ένα κουταλάκι του γλυκού
- Τριμμένο nori, όπως απαιτείται
- Σολομός, μισό κιλό
- Λάχανο ψιλοκομμένο, ένα φλιτζάνι

Κατευθύνσεις:

a) Τοποθετήστε το ρύζι, τρία φλιτζάνια νερό και μισό κουταλάκι του γλυκού αλάτι σε μια μεγάλη κατσαρόλα και βράστε και μαγειρέψτε για δεκαπέντε λεπτά ή μέχρι να απορροφηθεί το νερό.

b) Σε ένα μπολ βάζουμε το ξύδι, τη σάλτσα σόγιας, τη σάλτσα τσίλι, το σησαμέλαιο, το σουσάμι και το τζίντζερ και ανακατεύουμε καλά.

c) Προσθέστε τον σολομό και ανακατέψτε απαλά μέχρι να καλυφθεί τελείως.

d) Σε ένα μπολ βάζουμε το τριμμένο λάχανο και το σησαμέλαιο και ανακατεύουμε μέχρι να ενωθούν καλά.

e) Σε κάθε μπολ βάζουμε μια μεγάλη κουταλιά ρύζι, προσθέτουμε το λάχανο και στύβουμε πάνω από τη μαγιονέζα.

2. Ιαπωνικό φανταχτερό teriyaki

Συστατικά

- 2 κιλά σολομός
- 3 κουταλιές της σούπας φρέσκα κρεμμυδάκια ψιλοκομμένα
- 2 κουταλιές της σούπας μαύρο και άσπρο σουσάμι
- $\frac{1}{2}$ φλιτζάνι έξτρα παρθένο ελαιόλαδο
- Σάλτσα Teriyaki
- 4 κουταλιές της σούπας σάλτσα σόγιας
- 1 φλιτζάνι mirin
- 2 $\frac{1}{2}$ φλιτζάνι. Ζάχαρη

Κατευθύνσεις

a) Φτιάχνουμε τη σάλτσα teriyaki προσθέτοντας όλα τα υλικά κάτω από την επικεφαλίδα της σε μια κατσαρόλα και τη βράζουμε σε χαμηλή φωτιά μέχρι να πήξει. Αποσύρουμε από τη φωτιά και το αφήνουμε να κρυώσει

b) Ρίξτε λίγο λάδι σε ένα αντικολλητικό τηγάνι και βάλτε τον σολομό εκεί. σκεπάζουμε το τηγάνι και ψήνουμε τον σολομό σε μέτρια φωτιά μέχρι να ροδίσει ομοιόμορφα.

c) Τα βάζουμε σε μια πιατέλα και περιχύνουμε με τη σάλτσα teriyaki

d) Και γαρνίρουμε με λευκό σουσάμι και φρέσκα κρεμμυδάκια ψιλοκομμένα

3. Onigiri

Μέγεθος σερβιρίσματος: 3

Συστατικά:

- Φύλλο Nori, όπως απαιτείται
- Umeboshi, ένα
- Σάλτσα σόγιας, μισό κουτ
- Μιρίν, μισό κουτ
- Τόνος, ένα φλιτζάνι
- Ιαπωνική μαγιονέζα, δύο κουταλιές της σούπας
- Αλατισμένος σολομός, ένα κομμάτι
- Μαγειρεμένο ρύζι, δύο φλιτζάνια

Κατευθύνσεις:

a) Μαγειρέψτε το ρύζι σύμφωνα με τη χύτρα σας ή αν δεν έχετε ρυζομαγειρική, ακολουθήστε τις Οδηγίες εδώ.

b) Μεταφέρετε το βρασμένο ρύζι σε ξεχωριστό μπολ για να κρυώσει.

c) Ετοιμάστε όλες τις γεμίσεις που θα χρησιμοποιήσετε και αφήστε στην άκρη.

d) Ετοιμάστε φύλλο φυκιών.

e) Τοποθετήστε μεμβράνη πάνω από ένα μπολ με ρύζι.

f) Τοποθετήστε λίγο από το μαγειρεμένο ρύζι πάνω από το κέντρο της μεμβράνης.

g) Βάλτε περίπου 1 κουταλάκι του γλυκού umeboshi στο κέντρο του ρυζιού και στη συνέχεια καλύψτε με το ρύζι γύρω.

h) Τυλίξτε τη μεμβράνη πάνω από το ρύζι και στύψτε και πλάθετε το ρύζι σε σχήμα τριγώνου με τα χέρια σας.

i) Αφαιρέστε την μεμβράνη και καλύψτε το κάτω μέρος του τριγώνου του ρυζιού με ένα φύλλο nori.

j) Το πιάτο σας είναι έτοιμο για σερβίρισμα.

4. Μπουκιές ιαπωνικού σολομού και αγγουριού

Συστατικά

- 1 αγγουράκι. Τολμηρά κομμένο σε φέτες
- $\frac{1}{2}$ κιλό φιλέτο σολομού
- 1 $\frac{1}{4}$ κουταλάκι του γλυκού σάλτσα σόγιας
- 2 κουταλιές της σούπας κρεμμύδια. Ψιλοκομμένο
- 1 κουταλάκι του γλυκού mirin
- 1 Ichimi togarashi (ιαπωνική πιπεριά τσίλι)
- 1 κουταλάκι του γλυκού σησαμέλαιο
- $\frac{1}{2}$ κουταλάκι του γλυκού μαύρο σουσάμι

Κατευθύνσεις

a) Σε ένα μικρό μπολ ανάμειξης, συνδυάστε το σολομό, τη σάλτσα σόγιας, το κρεμμύδι, το σησαμέλαιο και το mirin.

b) Τοποθετήστε τις φέτες αγγουριού σε μια πιατέλα, ρίξτε μια κουταλιά από το σολομό και περιχύστε το υπόλοιπο κρεμμύδι και το σουσάμι

5. Μπολ Teriyaki ramen

Μερίδες: 6

Συστατικά

- 1 1/2 κιλό φιλέτα σολομού, αλάτι και μαύρο πιπέρι χωρίς φλούδα
- 5 κουταλιές της σούπας μαρινάδα teriyaki
- φυτικό λάδι, για τρίψιμο
- 2 κουταλιές της σούπας ξύδι από κόκκινο κρασί
- 1/4 C. σάλτσα γλυκού τσίλι
- 6 κουταλιές της σούπας ασιατική σάλτσα ψαριού
- 3 κουταλιές της σούπας φρέσκο τζίντζερ, τριμμένο
- 1 λίβρα noodles soba
- 1 κουταλιά της σούπας κόκκοι στιγμιαίου μπουγιόν
- 1/2 C. κρεμμυδάκι κομμένο σε λεπτές φέτες
- 1 1/2 C. Σπανάκι
- 1 κουταλιά της σούπας σουσάμι, φρυγανισμένο

Κατευθύνσεις

a) Πασπαλίστε λίγο αλάτι και πιπέρι πάνω από τα φιλέτα σολομού.

b) Αποκτήστε μια μεγάλη τσάντα με φερμουάρ: Συνδυάστε μέσα τα φιλέτα σολομού με τη μαρινάδα teriyaki. Σφραγίστε τη σακούλα και ανακινήστε την για να επικαλυφθεί. Για να φτιάξετε τη σάλτσα τσίλι:

c) Πάρτε ένα μικρό μπολ ανάμειξης: Ανακατέψτε μέσα το ξύδι, τη σάλτσα τσίλι, τη σάλτσα ψαριού και το τζίντζερ. Τοποθετήστε το στην άκρη.

d) Ετοιμάστε τα noodles σύμφωνα με τις οδηγίες στη συσκευασία χωρίς το πακέτο καρυκευμάτων.

e) Βγάζουμε τα φιλέτα σολομού από τη μαρινάδα και τα αλείφουμε με λίγο λάδι.

f) Τοποθετούμε ένα μεγάλο τηγάνι σε μέτρια φωτιά και το ζεσταίνουμε όμως. Μαγειρέψτε σε αυτό το φιλέτο σολομού για 3 με 4 λεπτά από κάθε πλευρά.

g) Προσθέστε τη μισή μαρινάδα σολομού στο τηγάνι και περιχύστε τα με αυτήν.

h) Τα αφήνουμε στην άκρη να καθίσουν για 6 λεπτά.

i) Κόψτε τον σολομό σε κομμάτια και προσθέστε σε αυτόν το σπανάκι με μια πρέζα αλάτι και πιπέρι. Μαγειρέψτε τα για 2 με 3 λεπτά.

j) Τοποθετήστε μια μεγάλη κατσαρόλα σε μέτρια φωτιά. Μαγειρέψτε 6 C. νερό σε αυτό μέχρι να αρχίσουν να βράζουν. Προσθέστε σε αυτό το μπουγιόν σε σκόνη και τα κομμάτια λευκού κρεμμυδιού.

k) Χαμηλώνουμε τη φωτιά και αφήνουμε την κατσαρόλα στην άκρη για να φτιάξουμε τον ζωμό.

l) Στραγγίζουμε τα noodles και τα τοποθετούμε σε μπολ σερβιρίσματος. Περιχύνουμε με τον ζεστό ζωμό και από πάνω τα φιλέτα σολομού. Απολαμβάνω.

6. Μεσημεριανό Σαλάτα σολομού

Μερίδες: 3

Συστατικά:
- 1 φλιτζάνι σολομός σε κονσέρβα, ξεφλουδισμένος
- 1 κουταλιά της σούπας χυμό λεμονιού
- 3 κουταλιές της σούπας γιαούρτι χωρίς λιπαρά
- 2 κουταλιές της σούπας κόκκινη πιπεριά, ψιλοκομμένη
- 1 κουταλάκι του γλυκού κάπαρη, στραγγισμένη και ψιλοκομμένη
- 1 κουταλιά της σούπας κόκκινο κρεμμύδι, ψιλοκομμένο
- 1 κουταλάκι του γλυκού άνηθο, ψιλοκομμένο
- Μια πρέζα μαύρο πιπέρι
- 3 φέτες ψωμί ολικής αλέσεως

Κατευθύνσεις:
a) Σε ένα μπολ ανακατεύουμε τον σολομό με το χυμό λεμονιού, το γιαούρτι, την πιπεριά, την κάπαρη, το κρεμμύδι, τον άνηθο και το μαύρο πιπέρι και ανακατεύουμε καλά.
b) Απλώστε αυτό σε κάθε φέτα ψωμιού και σερβίρετε για μεσημεριανό γεύμα.

7. Σολομός στο Πέστο

Απόδοση: 4 μερίδες

Συστατικά

- 4 (3 ουγκιές) φιλέτα σολομού χωρίς πέτσα
- 1 ματσάκι σπαράγγια, τα άκρα κομμένα
- 2 κουταλάκια του γλυκού ελαιόλαδο
- 1/2 κουταλάκι του γλυκού μαύρο πιπέρι, χωρισμένο
- 4 κουταλάκια του γλυκού φρέσκο χυμό λεμονιού, χωρισμένο
- 1 πίντα ντοματίνια, κομμένη στη μέση

ΠΕΣΤΟ

- 1/2 φλιτζάνι συσκευασμένα φύλλα φρέσκου βασιλικού
- 1 κουταλάκι του γλυκού, ακατέργαστους ηλιόσπορους αποφλοιωμένοι
- 1 κουταλιά της σούπας τριμμένη παρμεζάνα
- 1 σκελίδα σκόρδο, ψιλοκομμένη
- 1/16 κουταλάκι του γλυκού αλάτι
- 1/16 κουταλάκι του γλυκού μαύρο πιπέρι
- 2 κουταλιές της σούπας ελαιόλαδο

Κατευθύνσεις:

a) Προθερμαίνουμε το φούρνο στους 400 βαθμούς Φαρενάιτ. 4 x 14 ιντσών λωρίδες από αλουμινόχαρτο

b) Φτιάξτε τη σάλτσα πέστο. Συνδυάστε βασιλικό, ηλιόσπορους, τυρί παρμεζάνα, σκόρδο, αλάτι και 1/16 κουταλάκι του γλυκού πιπέρι σε έναν επεξεργαστή τροφίμων.

c) Χτυπάμε μέχρι να ενσωματωθούν όλα τα υλικά και να χοντροκομιστεί ο βασιλικός. Ρίξτε 2 κουταλιές της σούπας ελαιόλαδο στο μείγμα όσο δουλεύει ο επεξεργαστής τροφίμων μέχρι να γίνει λεία η σάλτσα.

d) Προσθέστε 2 κουταλάκια του γλυκού ελαιόλαδο και 1/4 κουταλάκι του γλυκού πιπέρι στα σπαράγγια και ανακατέψτε καλά. Αλατοπιπερώνετε τον σολομό και από τις δύο πλευρές με το υπόλοιπο 1/4 κουταλάκι του γλυκού πιπέρι.

e) Τοποθετήστε το ένα τέταρτο των σπαραγγιών σε ένα φύλλο αλουμινόχαρτου. 1 φιλέτο σολομού από πάνω Περιχύστε 1 κουταλάκι του γλυκού χυμό λεμονιού πάνω από το ψάρι και απλώστε από πάνω 1 κουταλιά της σούπας πέστο.

f) Συμπληρώστε τον σολομό με 1/4 φλιτζάνι ντομάτες κομμένες στη μέση. Τυλίξτε το αλουμινόχαρτο γύρω από τις πλευρές, τυλίξτε και σφίξτε τις άκρες και αφήστε έναν χώρο αέρα στο επάνω μέρος του πακέτου.

g) Επαναλάβετε με τα υπόλοιπα υλικά για να φτιάξετε συνολικά τέσσερα πακέτα σολομού.

h) Τοποθετήστε το ένα δίπλα στο άλλο στο ταψί και ψήστε για 15-18 λεπτά ή μέχρι να ψηθεί ο σολομός. Απολαμβάνω!

8. Καπνιστός σολομός και τυρί κρέμα σε τοστ

Συστατικά:

- 8 φέτες γαλλικής μπαγκέτας ή ψωμιού σίκαλης
- $\frac{1}{2}$ φλιτζάνι τυρί κρέμα μαλακωμένο
- 2 κουταλιές της σούπας λευκό κρεμμύδι, κομμένο σε λεπτές φέτες
- 1 φλιτζάνι καπνιστός σολομός, κομμένος σε φέτες
- $\frac{1}{4}$ φλιτζάνι βούτυρο, ανάλατη ποικιλία
- $\frac{1}{2}$ κουταλάκι του γλυκού ιταλικό καρύκευμα
- Φύλλα άνηθου, ψιλοκομμένα
- Αλάτι και πιπέρι για να γευτείς

Κατευθύνσεις:

a) Σε ένα μικρό τηγάνι, λιώστε το βούτυρο και προσθέστε σταδιακά ιταλικά καρυκεύματα. Απλώνουμε το μείγμα στις φέτες ψωμιού.

b) Ψήστε τα για λίγα λεπτά χρησιμοποιώντας μια τοστιέρα.

c) Απλώστε λίγο τυρί κρέμα στο φρυγανισμένο ψωμί. Στη συνέχεια, προσθέστε καπνιστό σολομό και λεπτές φέτες κόκκινου κρεμμυδιού. Επαναλάβετε τη διαδικασία μέχρι να χρησιμοποιηθούν όλες οι φρυγανισμένες φέτες ψωμιού.

d) Μεταφέρετε σε πιατέλα και γαρνίρετε από πάνω ψιλοκομμένα φύλλα άνηθου.

9. Καπνιστός σολομός και τυρί κρέμα σε τοστ

Μερίδες: 5 μερίδες

Συστατικά
- 8 φέτες γαλλικής μπαγκέτας ή ψωμιού σίκαλης
- $\frac{1}{2}$ φλιτζάνι τυρί κρέμα μαλακωμένο
- 2 κουταλιές της σούπας λευκό κρεμμύδι, κομμένο σε λεπτές φέτες
- 1 φλιτζάνι καπνιστός σολομός, κομμένος σε φέτες
- $\frac{1}{4}$ φλιτζάνι βούτυρο, ανάλατη ποικιλία
- $\frac{1}{2}$ κουταλάκι του γλυκού ιταλικό καρύκευμα
- Φύλλα άνηθου, ψιλοκομμένα
- Αλάτι και πιπέρι για να γευτείς

Κατευθύνσεις:
a) Σε ένα μικρό τηγάνι, λιώστε το βούτυρο και προσθέστε σταδιακά ιταλικά καρυκεύματα. Απλώνουμε το μείγμα στις φέτες ψωμιού.

b) Ψήστε τα για λίγα λεπτά χρησιμοποιώντας μια τοστιέρα.

c) Απλώστε λίγο τυρί κρέμα στο φρυγανισμένο ψωμί. Στη συνέχεια, προσθέστε καπνιστό σολομό και λεπτές φέτες κόκκινου κρεμμυδιού. Επαναλάβετε τη διαδικασία μέχρι να χρησιμοποιηθούν όλες οι φρυγανισμένες φέτες ψωμιού.

d) Μεταφέρετε σε πιατέλα και γαρνίρετε από πάνω ψιλοκομμένα φύλλα άνηθου.

10. Σολομός σε φρυγανιά με αυγό ποσέ

Συστατικά

- 2 φιλέτα σολομού
- 1 ματσάκι σπαράγγια κομμένα
- 2 χοντρές φέτες φρυγανισμένο ζυμωτό ψωμί, φρεσκοκομμένο
- 2 αυγά ελευθέρας βοσκής

Κατευθύνσεις:

a) Αφαιρέστε τα φιλέτα από την εξωτερική σακούλα και στη συνέχεια (ενώ είναι παγωμένα και ακόμα σε ατομικές θήκες), τοποθετήστε τα φιλέτα σε ένα ταψί και καλύψτε με κρύο νερό. Αφήνουμε να πάρει βράση και σιγοβράζουμε απαλά για 15 λεπτά.

b) Όταν ψηθούν, βγάζετε τα φιλέτα σολομού από τα πουγκιά και τα βάζετε σε ένα πιάτο, ενώ βάζετε το πιάτο μαζί.

c) Ενώ ο σολομός ψήνεται, φτιάχνουμε την Ολαντέζ. Βάλτε ένα αντιθερμικό γυάλινο μπολ πάνω από μια κατσαρόλα την οποία έχετε μισογεμίσει με νερό και την έχετε βάλει να σιγοβράσει απαλά σε χαμηλή φωτιά. Τώρα λιώστε το βούτυρο σε ένα ξεχωριστό μικρό τηγάνι και στη συνέχεια αφαιρέστε από τη φωτιά.

d) Βάλτε τους κρόκους αυγών που έχετε χωρίσει στο μπολ πάνω από το ζεστό νερό και αρχίστε να ανακατεύετε, προσθέτοντας σταδιακά το ξύδι από λευκό κρασί καθώς το κάνετε. Συνεχίζουμε το χτύπημα καθώς προσθέτουμε το λιωμένο βούτυρο. Το μείγμα θα ενωθεί για να σχηματίσει μια νόστιμα λεία, πηχτή σάλτσα. Προσθέστε μερικές στύβες χυμό λεμονιού εάν η σάλτσα σας φαίνεται πολύ πηχτή. Αλατοπιπερώνουμε ελαφρά με λίγο αλάτι και λίγο φρεσκοτριμμένο μαύρο πιπέρι.

e) Γεμίζουμε ένα τηγάνι με βραστό νερό από τον βραστήρα και αφήνουμε να σιγοβράσει ελαφρά σε μέτρια φωτιά, προσθέτοντας μια πρέζα θαλασσινό αλάτι. Σπάστε τα αυγά ξεχωριστά σε φλιτζάνια και στη συνέχεια ανακατέψτε το νερό για να κινηθεί πριν προσθέσετε τα αυγά, ένα κάθε φορά.

f) Αφήστε να ψηθεί – 2 λεπτά για ένα μαλακό αυγό, 4 λεπτά για ένα πιο σφιχτό. Βγάζουμε από το τηγάνι με τρυπητή κουτάλα να στραγγίξουν. Στη συνέχεια, βάλτε οκτώ δόρατα σπαράγγια στο τηγάνι με βραστό νερό και μαγειρέψτε για 1 - 1 ½ λεπτό μέχρι να μαλακώσουν. Στο μεταξύ βάζετε το τοστ να ψηθεί.

g) Βουτυρώνουμε τη φρυγανιά και από πάνω τα σπαράγγια, μετά το αυγό ποσέ, μια-δυο κουταλιές ολαντέζ και τέλος το φιλέτο σολομού ποσέ.

h) Πασπαλίστε με θαλασσινό αλάτι και σκασμένο μαύρο πιπέρι και φάτε αμέσως!

11. Περιτύλιγμα πρωινού σολομού και αυγών

Σερβίρει: 1

Συστατικά

- 2 μεγάλα βρετανικά αυγά λιονταριού, χτυπημένα
- 1 κουταλιά της σούπας ψιλοκομμένο φρέσκο άνηθο ή σχοινόπρασο
- Μια πρέζα αλάτι και φρεσκοτριμμένο μαύρο πιπέρι
- Ένα ψιλόβροχο ελαιόλαδο
- 2 κουταλιές της σούπας ελληνικό γιαούρτι χωρίς λιπαρά
- Λίγο τριμμένο ξύσμα και μια στύψις χυμό λεμονιού
- 40 γρ καπνιστό σολομό, κομμένο σε λωρίδες
- Μια χούφτα σαλάτα με κάρδαμο, σπανάκι και φύλλα ρόκας

Κατευθύνσεις:

a) Σε μια κανάτα χτυπάμε τα αυγά, το μυρωδικό, αλάτι και πιπέρι. Ζεσταίνουμε ένα αντικολλητικό τηγάνι, προσθέτουμε το λάδι και μετά ρίχνουμε μέσα τα αυγά και μαγειρεύουμε για ένα λεπτό ή μέχρι να δέσει το αυγό από πάνω.

b) Αναποδογυρίστε και μαγειρέψτε για ένα ακόμη λεπτό μέχρι να ροδίσει η βάση. Μεταφέρετε σε μια σανίδα να κρυώσει.

c) Ανακατεύουμε το γιαούρτι με το ξύσμα και το χυμό λεμονιού και μπόλικο αλεσμένο μαύρο πιπέρι. Σκορπίστε τον καπνιστό σολομό πάνω από τη μεμβράνη των αυγών, προσθέστε τα φύλλα και περιχύστε με το μείγμα γιαουρτιού.

d) Τυλίγουμε το αυγό σε ρολό και το τυλίγουμε σε χαρτί για να σερβίρουμε.

12. Κρεμώδεις μπουκιές σολομού πατάτας

Μερίδες: 10 μερίδες

Συστατικά:

- 20 baby red πατάτες
- 200 γραμμάρια καπνιστό σολομό, κομμένο σε μπουκιές
- 1 φλιτζάνι κρέμα γάλακτος
- 1 μέτριο λευκό κρεμμύδι, ψιλοκομμένο
- Αλάτι και πιπέρι για να γευτείς
- Φύλλα φρέσκου άνηθου, ψιλοκομμένα

Κατευθύνσεις:

a) Βάλτε μια μεγάλη κατσαρόλα με νερό να βράσει και μετά προσθέστε 2 κουταλιές της σούπας αλάτι στην κατσαρόλα. Βάλτε τις πατάτες στην κατσαρόλα και μαγειρέψτε για 8-10 λεπτά ή μέχρι να ψηθούν οι πατάτες.

b) Βγάζουμε αμέσως τις πατάτες από την κατσαρόλα και τις βάζουμε σε ένα μπολ. Ρίξτε κρύο νερό από πάνω τους για να σταματήσει η διαδικασία μαγειρέματος. Στραγγίζουμε καλά και αφήνουμε στην άκρη.

c) Σε ένα μεσαίο μπολ ανακατεύουμε τα υπόλοιπα υλικά. Αφήνουμε στο ψυγείο για 5-10 λεπτά.

d) Κόψτε τις πατάτες baby στη μέση και ξύστε μερικά μέρη από το κέντρο των πατατών. Ρίξτε τη σάρκα πατάτας στο παγωμένο κρεμώδες μείγμα. Ανακατεύουμε καλά με τα υπόλοιπα υλικά.

e) Γαρνίρετε τις πατάτες με το κρεμώδες μείγμα χρησιμοποιώντας ένα κουταλάκι του γλυκού ή ένα σακουλάκι.

f) Πασπαλίζουμε με περισσότερα ψιλοκομμένα φύλλα άνηθου πριν σερβίρουμε.

13. Ντιπ καπνιστού σολομού

Μερίδες: 4 μερίδες

Συστατικά:
- 1 φλιτζάνι καπνιστός σολομός, ψιλοκομμένος
- 1 φλιτζάνι τυρί κρέμα, σε θερμοκρασία δωματίου
- $\frac{1}{2}$ φλιτζάνι κρέμα γάλακτος, ποικιλία μειωμένων λιπαρών
- 1 κουταλιά της σούπας χυμό λεμονιού, φρεσκοστυμμένο
- 1 κουταλιά της σούπας σχοινόπρασο ή άνηθο, ψιλοκομμένο
- $\frac{1}{2}$ κουταλάκι του γλυκού καυτερή σάλτσα
- Αλάτι και πιπέρι για να γευτείς
- Φέτες γαλλικής μπαγκέτας ή λεπτά κράκερ σιταριού για το σερβίρισμα

Κατευθύνσεις:
a) Σε έναν επεξεργαστή τροφίμων ή σε ένα ηλεκτρικό μίξερ, ρίξτε το τυρί κρέμα, την κρέμα γάλακτος, το χυμό λεμονιού και την καυτερή σάλτσα. Χτυπήστε το μείγμα μέχρι να ομογενοποιηθεί.

b) Μεταφέρετε το μείγμα σε ένα δοχείο. Προσθέστε τον ψιλοκομμένο καπνιστό σολομό και το ψιλοκομμένο σχοινόπρασο και ανακατέψτε καλά.

c) Βάζουμε το μείγμα στο ψυγείο για μια ώρα και μετά γαρνίρουμε με περισσότερο ψιλοκομμένο σχοινόπρασο. Σερβίρετε το άλειμμα σολομού με απλή ψύξη με φέτες μπαγκέτας ή λεπτά κράκερ.

14. Σνακ καναπεδάκια καπνιστού σολομού

Απόδοση: 1 μερίδα

Συστατικό

- 6 ουγγιές τυρί κρέμα (μαλακωμένο)
- 25 καναπεδάκια με μαϊντανό
- 2 κουταλάκια του γλυκού έτοιμη μουστάρδα
- 4 ουγγιές καπνιστός σολομός

Κατευθύνσεις:

a) Ανακατέψτε το τυρί κρέμα και τη μουστάρδα. απλώνουμε ένα μέρος του μείγματος σε αραιές βάσεις σε καναπεδάκια.

b) Τοποθετήστε ένα κομμάτι σολομού σε κάθε καναπεδάκι, προσθέστε κουκκίδα από το υπόλοιπο μείγμα ή αν θέλετε, περάστε όλο το μείγμα του τυριού κρέμα γύρω από τη βάση.

c) Καλύψτε το καθένα με ένα κλωνάρι μαϊντανό.

15. Κροκέτες σολομού στο φούρνο

Απόδοση: 6 μερίδες

Συστατικό

- 2 κουταλιές της σούπας βούτυρο; μαλάκωσε
- $1\frac{1}{2}$ κιλό φρέσκος σολομός? μαγείρευτος
- 2 φλιτζάνια φρέσκια ψίχα ψωμιού
- 1 κουταλιά της σούπας Κρεμμύδι
- 1 κουταλιά της σούπας φρέσκος άνηθος; κομμένο
- $\frac{1}{2}$ λεμόνι; ξύσμα, τριμμένο
- 1 Αυγό
- 1 φλιτζάνι βαριά κρέμα
- $\frac{1}{2}$ κουταλάκι του γλυκού Αλάτι
- $\frac{1}{2}$ φλιτζάνι κρέμα γάλακτος
- Χαβιάρι
- Σφήνες λεμονιού

Κατευθύνσεις:

a) Σε ένα μπολ βάζουμε τον ξεφλουδισμένο σολομό.

b) Προσθέστε $\frac{3}{4}$ φλιτζάνι από την ψίχα ψωμιού, το κρεμμύδι, τον άνηθο, το ξύσμα λεμονιού, το αυγό και την κρέμα γάλακτος. Ανακατεύουμε απαλά με ένα πιρούνι. Καρυκεύουμε με αλάτι, πιπέρι και πιπέρι καγιέν. Περάστε με τις υπόλοιπες κουταλιές της σούπας βούτυρο.

c) Τοποθετήστε τις κούπες σε ένα ταψί. Ρίχνουμε τόσο ζεστό νερό ώστε να φτάσει μέχρι τη μέση από τις πλευρές των ραμεκινών. Ψήνουμε μέχρι να σφίξουν αρκετά και να δέσει, περίπου 30 λεπτά.

d) Ψύξτε για 5 έως 10 λεπτά.

e) Οι κροκέτες μπορούμε να τις ξεφορμάρουμε, με τη δεξιά πλευρά προς τα πάνω ή να τις σερβίρουμε στα ραμέκιν. Γεμίστε κάθε κροκέτα με κρέμα γάλακτος και χαβιάρι ή απλώς γαρνίρετε με λεμόνι.

16. Πακέτα σολομού στο φούρνο

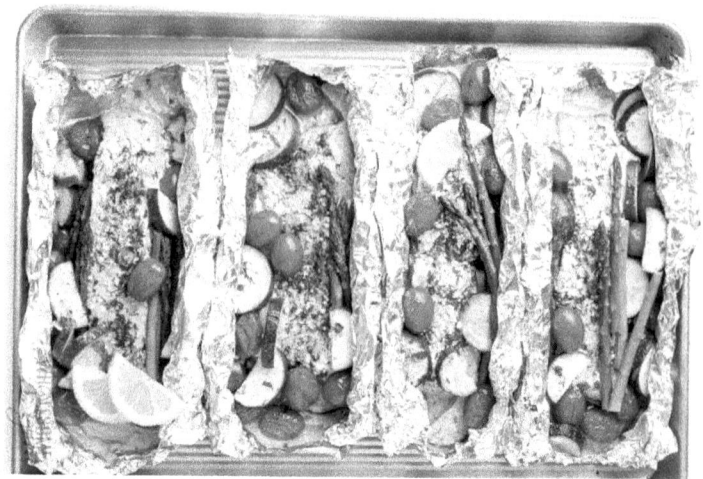

Απόδοση: 4 μερίδες

Συστατικό

- 4 φιλέτα σολομού
- 4 κουταλάκια του γλυκού Βούτυρο
- 8 κλωναράκια θυμάρι, φρέσκα
- 8 κλωναράκια μαϊντανού, φρέσκα
- 4 σκελίδες σκόρδο, ψιλοκομμένες
- 4 κουταλιές της σούπας λευκό κρασί, ξηρό
- $\frac{1}{2}$ κουταλάκι του γλυκού Αλάτι
- $\frac{1}{2}$ κουταλάκι του γλυκού μαύρο πιπέρι, αλεσμένο

Κατευθύνσεις:

a) Προθερμαίνουμε τον φούρνο στους 400 βαθμούς. Τοποθετήστε 4 μεγάλα κομμάτια αλουμινόχαρτου σε μια επιφάνεια εργασίας, με τη γυαλιστερή πλευρά προς τα κάτω. Ψεκάστε το εσωτερικό με σπρέι μαγειρικής λαχανικών. Τοποθετήστε ένα φιλέτο ψαριού σε κάθε κομμάτι αλουμινόχαρτου. Μοιράζουμε ομοιόμορφα το θυμάρι, το μαϊντανό, το σκόρδο, το αλάτι, το πιπέρι και το κρασί στα ψάρια.

b) Αλείψτε κάθε φιλέτο με ένα κουταλάκι του γλυκού βούτυρο και στη συνέχεια διπλώστε καλά και σφραγίστε τις άκρες. Τοποθετήστε τα πακέτα σε ένα ταψί και ψήστε για 10-12 λεπτά. Τοποθετήστε τα πακέτα σε πιάτα και ανοίξτε προσεκτικά.

17. Ορεκτικό με μαύρο φασόλι και σολομό

Συστατικό

- 8 τορτίγιες καλαμποκιού?
- 16 ουγγιές καλαμπόκι μαύρα φασόλια?
- 7 ουγγιές ροζ σολομός
- 2 κουταλιές της σούπας καρθαμέλαιο
- $\frac{1}{4}$ φλιτζάνι φρέσκος χυμός λάιμ
- $\frac{1}{4}$ φλιτζάνι φρέσκος μαϊντανός? ψιλοκομμένο
- $\frac{1}{2}$ κουταλάκι του γλυκού κρεμμύδι σε σκόνη
- $\frac{1}{2}$ κουταλάκι του γλυκού αλάτι σέλινο
- $\frac{3}{4}$ κουταλάκι του γλυκού αλεσμένο κύμινο
- $\frac{3}{4}$ κουταλάκι του γλυκού Σκόρδο? κιμάς
- $\frac{1}{2}$ κουταλάκι του γλυκού ξύσμα λάιμ? τριμμένο
- $\frac{1}{4}$ κουταλάκι του γλυκού Νιφάδες κόκκινης πιπεριάς? αποξηραμένος
- $\frac{1}{4}$ κουταλάκι του γλυκού πιπεριά τσίλι?

Κατευθύνσεις:

a) Προθερμαίνουμε τον φούρνο στους 350 βαθμούς. Κόβουμε τις τορτίγιες σε τρίγωνα και φρυγανίζουμε μέχρι να γίνουν τραγανές, περίπου 5 λεπτά.

b) Συνδυάστε τα φασόλια και τον σολομό, ξεφλουδίζοντας τον σολομό με ένα πιρούνι.

c) Ανακατέψτε τα υπόλοιπα συστατικά. παγώστε για να αναμειχθούν οι γεύσεις. Σερβίρουμε με τσιπς τορτίγιας

18. Ρολά σολομού

Απόδοση: 6 μερίδες

Συστατικό

- 6 Καπνιστός σολομός. κομμένο σε λεπτές φέτες
- 1 Έτοιμη ζύμη ψωμιού
- 1 αυγό? χτυπημένος
- Φρέσκο κρεμμυδάκι; ψιλοκομμένο
- Φρέσκο τριμμένο πιπέρι

Κατευθύνσεις:

a) Μετά την απόψυξη, ανοίξτε την έτοιμη ζύμη σε κύκλο 9 ιντσών.

b) Καλύψτε την κορυφή με λωρίδες σολομού και προσθέστε καρυκεύματα.

c) Κόψτε τον κύκλο σε κομμάτια σε σχήμα σφήνας και τυλίξτε το καθένα σφιχτά, ξεκινώντας από την εξωτερική άκρη. Αλείφουμε το ρολό με το χτυπημένο αυγό και ψήνουμε στους 425 για 15 λεπτά περίπου.

d) Σερβίρετε ζεστό ως ορεκτικό ή με μεσημεριανό.

19. Μαγικός ψημένος σολομός

Κάνει 1 μερίδα

Συστατικά

- 1 φιλέτο σολομού
- 2 κουταλάκια του γλυκού Salmon Magic
- Βούτυρο ανάλατο, λιωμένο

Κατευθύνσεις

a) Προθερμάνετε το φούρνο στους 450 F.

b) Αλείψτε ελαφρά την κορυφή και τις πλευρές του φιλέτου σολομού με λιωμένο βούτυρο. Αλείψτε ελαφρά ένα μικρό ταψί με λιωμένο βούτυρο.

c) Αλατοπιπερώστε την κορυφή και τα πλαϊνά του φιλέτου σολομού με το Salmon Magic. Αν το φιλέτο είναι πηχτό, χρησιμοποιήστε λίγο ακόμα Salmon Magic. Πιέστε απαλά το καρύκευμα.

d) Τοποθετούμε το φιλέτο στο ταψί και ψήνουμε μέχρι να ροδίσει η κορυφή και μόλις ψηθεί το φιλέτο. Για να έχετε υγρό, ροζ σολομό, μην παραψήσετε. Σερβίρετε αμέσως.

e) Χρόνος μαγειρέματος: 4 έως 6 λεπτά.

20. Σολομός με ρόδι και κινόα

Μερίδες: 4 μερίδες

Συστατικά

- 4 φιλέτα σολομού, χωρίς πέτσα
- $\frac{3}{4}$ φλιτζάνι χυμός ροδιού, χωρίς ζάχαρη (ή ποικιλία χαμηλής ζάχαρης)
- $\frac{1}{4}$ φλιτζάνι χυμό πορτοκαλιού, χωρίς ζάχαρη
- 2 κουταλιές της σούπας μαρμελάδα/μαρμελάδα πορτοκάλι
- 2 κουταλιές της σούπας σκόρδο, ψιλοκομμένο
- Αλάτι και πιπέρι για να γευτείς
- 1 φλιτζάνι κινόα, ψημένη σύμφωνα με τη συσκευασία
- Λίγα κλωνάρια κόλιαντρο

Κατευθύνσεις:

a)   Σε ένα μεσαίο μπολ, ανακατέψτε το χυμό ροδιού, το χυμό πορτοκαλιού, τη μαρμελάδα πορτοκαλιού και το σκόρδο. Αλατοπιπερώνουμε και προσαρμόζουμε τη γεύση ανάλογα με τις προτιμήσεις μας.

b)   Προθερμάνετε το φούρνο στους 400 F. Αλείφουμε το ταψί με μαλακωμένο βούτυρο. Τοποθετήστε τον σολομό στο ταψί, αφήνοντας απόσταση 1 ίντσας ανάμεσα στα φιλέτα.

c)   Μαγειρέψτε τον σολομό για 8-10 λεπτά. Στη συνέχεια, βγάζετε προσεκτικά το ταψί από το φούρνο και ρίχνετε μέσα το μείγμα με το ρόδι. Βεβαιωθείτε ότι η κορυφή του σολομού είναι ομοιόμορφα καλυμμένη με το μείγμα. Ξαναβάζετε τον σολομό στο φούρνο και ψήνετε για άλλα 5 λεπτά ή μέχρι να ψηθεί τελείως και το μείγμα του ροδιού να γίνει ένα χρυσαφί γλάσο.

d)   Όσο ψήνεται ο σολομός, ετοιμάζουμε την κινόα. Βράζουμε 2 φλιτζάνια νερό σε μέτρια φωτιά και προσθέτουμε την κινόα. Μαγειρέψτε για 5-8 λεπτά ή μέχρι να απορροφηθεί το νερό. Σβήνουμε τη φωτιά, αφρατεύουμε την κινόα με ένα πιρούνι και ξαναγυρίζουμε το καπάκι. Αφήνουμε τη φωτιά που περίσσεψε να ψηθεί η κινόα για άλλα 5 λεπτά.

e)   Μεταφέρετε τον σολομό με ρόδι σε ένα πιάτο σερβιρίσματος και πασπαλίζετε λίγο φρεσκοκομμένο κόλιαντρο. Σερβίρετε τον σολομό με κινόα.

21. Σολομός φούρνου και γλυκοπατάτες

Μερίδες: 4 μερίδες

Συστατικά
- 4 φιλέτα σολομού, αφαιρεθεί η φλούδα
- 4 μεσαίου μεγέθους γλυκοπατάτες, καθαρισμένες και κομμένες σε πάχος 1 ίντσας
- 1 φλιτζάνι μπουκίτσες μπρόκολου
- 4 κουταλιές της σούπας αγνό μέλι (ή σιρόπι σφενδάμου)
- 2 κουταλιές της σούπας μαρμελάδα/μαρμελάδα πορτοκάλι
- 1 πόμο φρέσκου τζίντζερ 1 ίντσας, τριμμένο
- 1 κουταλάκι του γλυκού μουστάρδα Dijon
- 1 κουταλιά της σούπας σουσάμι, φρυγανισμένο
- 2 κουταλιές της σούπας ανάλατο βούτυρο, λιωμένο
- 2 κουταλάκια του γλυκού σησαμέλαιο
- Αλάτι και πιπέρι για να γευτείς
- Φρεσκοκομμένα κρεμμυδάκια/κρεμμυδάκια, φρεσκοκομμένα

Κατευθύνσεις:
a)   Προθερμάνετε το φούρνο στους 400 F. Αλείφουμε το ταψί με λιωμένο ανάλατο βούτυρο.

b)   Τοποθετήστε τις κομμένες γλυκοπατάτες και τα μπουκετάκια μπρόκολου στο ταψί. Αλατοπιπερώνουμε ελαφρά και ένα κουταλάκι του γλυκού σησαμέλαιο. Βεβαιωθείτε ότι τα λαχανικά είναι ελαφρώς καλυμμένα με σησαμέλαιο.

c)   Ψήνουμε τις πατάτες και το μπρόκολο για 10-12 λεπτά.

d)   Όσο τα λαχανικά είναι ακόμα στο φούρνο, ετοιμάζουμε το γλυκό γλάσο. Σε ένα μπολ προσθέτουμε το μέλι (ή το σιρόπι σφενδάμου), τη μαρμελάδα πορτοκάλι, το τριμμένο τζίντζερ, το σησαμέλαιο και τη μουστάρδα.

e)   Βγάζουμε προσεκτικά το ταψί από τον φούρνο και απλώνουμε τα λαχανικά στο πλάι για να κάνουν χώρο για τα ψάρια.

f)   Αλατοπιπερώνουμε ελαφρά τον σολομό.

g)   Τοποθετούμε τα φιλέτα σολομού στη μέση του ταψιού και περιχύνουμε με το γλυκό γλάσο πάνω από τον σολομό και τα λαχανικά.

h)   Επιστρέψτε το τηγάνι στο φούρνο και ψήστε για άλλα 8-10 λεπτά ή μέχρι να μαλακώσει ο σολομός.

i)   Μεταφέρετε τον σολομό, τις γλυκοπατάτες και το μπρόκολο σε μια ωραία πιατέλα. Γαρνίρουμε με σουσάμι και φρέσκα κρεμμυδάκια.

22. Σολομός φούρνου με σάλτσα μαύρου φασολιού

Μερίδες: 4 μερίδες

Συστατικά

- Αφαιρέθηκαν 4 φιλέτα σολομού, το δέρμα και τα κόκαλα από καρφίτσα
- 3 κουταλιές της σούπας σάλτσα μαύρου φασολιού ή σάλτσα μαύρου σκόρδου
- ½ φλιτζάνι ζωμός κοτόπουλου (ή ζωμός λαχανικών ως πιο υγιεινό υποκατάστατο)
- 3 κουταλιές της σούπας σκόρδο, ψιλοκομμένο
- 1 πόμο φρέσκου τζίντζερ 1 ίντσας, τριμμένο
- 2 κουταλιές της σούπας σέρι ή σάκε (ή οποιοδήποτε κρασί μαγειρέματος)
- 1 κουταλιά της σούπας χυμό λεμονιού, φρεσκοστυμμένο
- 1 κουταλιά της σούπας σάλτσα ψαριού
- 2 κουταλιές της σούπας καστανή ζάχαρη
- ½ κουταλάκι του γλυκού νιφάδες κόκκινου τσίλι
- Φύλλα φρέσκου κόλιανδρου, ψιλοκομμένα
- Φρέσκο κρεμμυδάκι ως γαρνιτούρα

Κατευθύνσεις:

a)   Λαδώνουμε ένα μεγάλο ταψί ή το στρώνουμε με λαδόκολλα. Προθερμάνετε το φούρνο στους 350 F.

b)   Συνδυάστε το ζωμό κοτόπουλου και τη σάλτσα μαύρων φασολιών σε ένα μέτριο μπολ. Προσθέστε ψιλοκομμένο σκόρδο, τριμμένο τζίντζερ, σέρι, χυμό λεμονιού, σάλτσα ψαριού, καστανή ζάχαρη και νιφάδες τσίλι. Ανακατεύουμε καλά μέχρι να διαλυθεί τελείως η καστανή ζάχαρη.

c)   Ρίξτε τη σάλτσα μαύρου φασολιού πάνω από τα φιλέτα σολομού και αφήστε τον σολομό να απορροφήσει πλήρως το μείγμα των μαύρων φασολιών για τουλάχιστον 15 λεπτά.

d)   Μεταφέρετε τον σολομό στο ταψί. Μαγειρέψτε για 15-20 λεπτά. Φροντίστε ο σολομός να μην στεγνώσει πολύ στο φούρνο.

e)   Σερβίρουμε με ψιλοκομμένο κόλιανδρο και φρέσκο κρεμμυδάκι.

23. Πάπρικα ψητός σολομός με σπανάκι

Μερίδες: 6 μερίδες

Συστατικά

- 6 φιλέτα ροζ σολομού, πάχους 1 ίντσας
- $\frac{1}{4}$ φλιτζάνι χυμό πορτοκαλιού, φρεσκοστυμμένο
- 3 κουταλάκια του γλυκού αποξηραμένο θυμάρι
- 3 κουταλιές της σούπας εξαιρετικό παρθένο ελαιόλαδο
- 3 κουταλάκια του γλυκού πάπρικα σε σκόνη
- 1 κουταλάκι του γλυκού κανέλα σε σκόνη
- 1 κουταλιά της σούπας μαύρη ζάχαρη
- 3 φλιτζάνια φύλλα σπανακιού
- Αλάτι και πιπέρι για να γευτείς

Κατευθύνσεις:

a)   Αλείψτε ελαφρά λίγη ελιά σε κάθε πλευρά των φιλέτα σολομού και, στη συνέχεια, καρυκεύστε με πάπρικα σε σκόνη, αλάτι και πιπέρι. Αφήστε στην άκρη για 30 λεπτά σε θερμοκρασία δωματίου. Αφήνοντας τον σολομό να απορροφήσει την πάπρικα τρίψτε.

b)   Σε ένα μικρό μπολ ανακατεύουμε το χυμό πορτοκαλιού, το ξερό θυμάρι, τη σκόνη κανέλας και την καστανή ζάχαρη.

c)   Προθερμάνετε το φούρνο στους 400 F. Μεταφέρετε τον σολομό σε ταψί στρωμένο με αλουμινόχαρτο. Ρίχνουμε τη μαρινάδα στον σολομό. Μαγειρέψτε τον σολομό για 15-20 λεπτά.

d)   Σε ένα μεγάλο τηγάνι, προσθέστε ένα κουταλάκι του γλυκού έξτρα παρθένο ελαιόλαδο και μαγειρέψτε το σπανάκι για περίπου λίγα λεπτά ή μέχρι να μαραθεί.

e)   Σερβίρετε τον ψημένο σολομό με σπανάκι στο πλάι.

24. <u>Σολομός Teriyaki με λαχανικά</u>

Μερίδες: 4 μερίδες

Συστατικά

- Αφαιρέθηκαν 4 φιλέτα σολομού, το δέρμα και τα κόκαλα από καρφίτσα
- 1 μεγάλη γλυκοπατάτα (ή απλά πατάτα), κομμένη σε μπουκιές
- 1 μεγάλο καρότο, κομμένο σε μπουκιές
- 1 μεγάλο λευκό κρεμμύδι, κομμένο σε φέτες
- 3 μεγάλες πιπεριές (πράσινες, κόκκινες και κίτρινες), ψιλοκομμένες
- 2 φλιτζάνια μπουκίτσες μπρόκολου (μπορούν να αντικατασταθούν με σπαράγγια)
- 2 κουταλιές της σούπας εξαιρετικό παρθένο ελαιόλαδο
- Αλάτι και πιπέρι για να γευτείς
- Φρέσκο κρεμμυδάκι, ψιλοκομμένο
- Σάλτσα Teriyaki
- 1 φλιτζάνι νερό
- 3 κουταλιές της σούπας σάλτσα σόγιας
- 1 κουταλιά της σούπας σκόρδο, ψιλοκομμένο
- 3 κουταλιές της σούπας μαύρη ζάχαρη
- 2 κουταλιές της σούπας αγνό μέλι
- 2 κουταλιές της σούπας άμυλο καλαμποκιού (διαλυμένο σε 3 κουταλιές της σούπας νερό)
- $\frac{1}{2}$ κουταλιές της σούπας φρυγανισμένο σουσάμι

Κατευθύνσεις:

a) Σε ένα μικρό τηγάνι, χτυπήστε τη σάλτσα σόγιας, το τζίντζερ, το σκόρδο, τη ζάχαρη, το μέλι και το νερό σε χαμηλή φωτιά. Ανακατεύουμε συνεχώς μέχρι να σιγοβράσει το μείγμα. Ρίξτε το νερό με το καλαμποκάλευρο και περιμένετε μέχρι να πήξει το μείγμα. Προσθέστε το σουσάμι και αφήστε το στην άκρη.

b) Αλείφουμε ένα μεγάλο ταψί με ανάλατο βούτυρο ή σπρέι μαγειρέματος. Προθερμάνετε το φούρνο στους 400 F.

c)   Σε ένα μεγάλο μπολ ρίχνουμε όλα τα λαχανικά και τα περιχύνουμε με ελαιόλαδο. Ανακατεύουμε καλά μέχρι να αλείψουν καλά τα λαχανικά με λάδι. Καρυκεύουμε με φρεσκοτριμμένο πιπέρι και λίγο αλάτι. Μεταφέρετε τα λαχανικά στο ταψί. Σκορπίζουμε τα λαχανικά στα πλάγια και αφήνουμε λίγο χώρο στο κέντρο του ταψιού.

d)   Τοποθετήστε τον σολομό στο κέντρο του ταψιού. Ρίξτε τα 2/3 της σάλτσας teriyaki στα λαχανικά και τον σολομό.

e)   Ψήνουμε τον σολομό για 15-20 λεπτά.

f)   Μεταφέρετε τον ψημένο σολομό και τα ψητά λαχανικά σε μια ωραία πιατέλα. Ρίξτε την υπόλοιπη σάλτσα teriyaki και γαρνίρετε με ψιλοκομμένα φρέσκα κρεμμυδάκια.

25. Σολομός ασιατικού στιλ με νουντλς

Μερίδες: 4 μερίδες

Συστατικά

Σολομός

- 4 φιλέτα σολομού, αφαιρεθεί η φλούδα
- 2 κουταλιές της σούπας καβουρδισμένο σησαμέλαιο
- 2 κουταλιές της σούπας αγνό μέλι
- 3 κουταλιές της σούπας ελαφριά σάλτσα σόγιας
- 2 κουταλιές της σούπας λευκό ξύδι
- 2 κουταλιές της σούπας σκόρδο, ψιλοκομμένο
- 2 κουταλιές της σούπας φρέσκο τζίντζερ, τριμμένο
- 1 κουταλάκι του γλυκού καβουρδισμένο σουσάμι
- Ψιλοκομμένο φρέσκο κρεμμυδάκι για γαρνίρισμα

Χυλοπίτες ρυζιού

- 1 πακέτο νουντλς ασιατικού ρυζιού

Σάλτσα

- 2 κουταλιές της σούπας σάλτσα ψαριού
- 3 κουταλιές της σούπας χυμό λάιμ, φρεσκοστυμμένο
- Νιφάδες τσίλι

Κατευθύνσεις:

a)   Για τη μαρινάδα σολομού, συνδυάστε σησαμέλαιο, σάλτσα σόγιας, ξύδι, μέλι, ψιλοκομμένο σκόρδο και σουσάμι. Ρίξτε μέσα στον σολομό και αφήστε το ψάρι να μαριναριστεί για 10-15 λεπτά.

b)   Τοποθετούμε τον σολομό σε ένα ταψί, το οποίο αλείφουμε ελαφρά με ελαιόλαδο. Μαγειρέψτε για 10-15 λεπτά στους 420F.

c)   Όσο ο σολομός είναι στο φούρνο, μαγειρέψτε τα noodles ρυζιού σύμφωνα με τις οδηγίες της συσκευασίας. Στραγγίζουμε καλά και μεταφέρουμε σε ατομικά μπολ.

d)   Ανακατεύουμε τη σάλτσα ψαριού, το χυμό λάιμ και τις νιφάδες τσίλι και περιχύνουμε τα νουντλς ρυζιού.

e)   Γεμίστε κάθε μπολ με νουντλς με φρεσκοψημένα φιλέτα σολομού. Γαρνίρουμε με φρέσκα κρεμμυδάκια και σουσάμι.

26. Σολομός ποσέ σε ζωμό σκόρδου ντομάτας

Σερβίρει 4

Συστατικά
- 8 σκελίδες σκόρδο
- ασκαλώνια
- κουταλάκια του γλυκού εξαιρετικό παρθένο ελαιόλαδο
- 5 ώριμες ντομάτες
- 1 1/2 φλιτζάνι λευκό ξηρό κρασί
- 1 φλιτζάνι νερό
- 8 κλωναράκια θυμάρι 1/4 κουταλάκι του γλυκού θαλασσινό
αλάτι
- 1/4 κουταλάκι του γλυκού φρέσκο μαύρο πιπέρι
- 4 φιλέτα σολομού Copper River Sockeye λάδι λευκής
τρούφας (προαιρετικά)

Κατευθύνσεις
α)   Ξεφλουδίστε και ψιλοκόψτε τις σκελίδες σκόρδου και τα ασκαλώνια. Σε ένα μεγάλο ταψί ή τηγάνι με καπάκι, βάζετε το ελαιόλαδο, το σκόρδο και τα ασκαλώνια. Ιδρώστε σε μέτρια προς χαμηλή φωτιά μέχρι να μαλακώσει, περίπου 3 λεπτά.

β)   Βάζουμε στο τηγάνι τις ντομάτες, το κρασί, το νερό, το θυμάρι, το αλάτι και το πιπέρι και τα αφήνουμε να βράσουν. Μόλις πάρει βράση, χαμηλώνουμε τη φωτιά μέχρι να σιγοβράσει και σκεπάζουμε.

γ)   Σιγοβράζουμε για 25 λεπτά μέχρι να σκάσουν οι ντομάτες βγάζοντας το ζουμί τους. Με μια ξύλινη κουτάλα ή σπάτουλα θρυμματίζουμε τις ντομάτες σε πελτέ. Σιγοβράζουμε ακάλυπτα για άλλα 5 λεπτά μέχρι να μειωθεί λίγο ο ζωμός.

δ)   Όσο ο ζωμός σιγοβράζει ακόμα, βάζετε τον σολομό στον ζωμό. Καλύψτε και ψήστε για 5 έως 6 λεπτά μόνο μέχρι να ξεφλουδίσει το ψάρι εύκολα. Τοποθετούμε το ψάρι σε ένα πιάτο και το αφήνουμε στην άκρη. Τοποθετήστε ένα σουρωτήρι σε ένα μεγάλο μπολ και ρίξτε τον υπόλοιπο ζωμό στο σουρωτήρι. Σουρώνετε τον ζωμό πετάγοντας τα στερεά που έχουν απομείνει. Δοκιμάζουμε τον ζωμό και προσθέτουμε αλάτι και πιπέρι αν χρειάζεται.

e)   Ο απλός πουρές με βούτυρο ή ακόμα και οι ψητές πατάτες είναι μια καλή πλευρά με αυτό το γεύμα. Στη συνέχεια ρίχνουμε από πάνω σοταρισμένα σπαράγγια και τον σολομό ποσέ.

f)   Ρίξτε τον στραγγισμένο ζωμό γύρω από τον σολομό. Αν θέλετε, προσθέστε λίγο λάδι λευκής τρούφας. Σερβίρισμα.

27. Σολομός ποσέ

Συστατικά

● Μικρά φιλέτα σολομού, περίπου 6 ουγγιές

Κατευθύνσεις

a) Βάλτε περίπου μισή ίντσα νερό σε ένα μικρό τηγάνι 5-6 ιντσών, σκεπάζοντάς το, θερμαίνοντας το νερό να σιγοβράσει και, στη συνέχεια, βάλτε το φιλέτο σκεπασμένο για τέσσερα λεπτά.

b) Προσθέστε ό,τι καρύκευμα σας αρέσει στον σολομό ή στο νερό.

c) Τα τέσσερα λεπτά αφήνουν το κέντρο άψητο και πολύ ζουμερό.

d) Αφήστε το φιλέτο να κρυώσει λίγο και κόψτε το σε κομμάτια πλάτους μισής ίντσας.

e) Προσθέστε σε μια σαλάτα που περιλαμβάνει μαρούλι (οποιουδήποτε είδους) καλή ντομάτα, ωραίο ώριμο αβοκάντο, κόκκινο κρεμμύδι, κρουτόν και οποιοδήποτε νόστιμο ντρέσινγκ.

28. Σολομός ποσέ με σάλσα πράσινου βοτάνου

Μερίδες: 4 μερίδες

Συστατικά

- 3 φλιτζάνια νερό
- 4 φακελάκια πράσινου τσαγιού
- 2 μεγάλα φιλέτα σολομού (περίπου 350 γραμμάρια το καθένα)
- 4 κουταλιές της σούπας έξτρα παρθένο ελαιόλαδο
- 3 κουταλιές της σούπας χυμό λεμονιού, φρεσκοστυμμένο
- 2 κουταλιές της σούπας μαϊντανό, φρεσκοκομμένο
- 2 κουταλιές της σούπας βασιλικός, φρεσκοκομμένος
- 2 κουταλιές της σούπας ρίγανη, φρεσκοκομμένη
- 2 κουταλιές της σούπας ασιατικό σχοινόπρασο, φρεσκοκομμένο
- 2 κουταλάκια του γλυκού φύλλα θυμάρι
- 2 κουταλάκια του γλυκού σκόρδο, ψιλοκομμένο

Κατευθύνσεις:

a)   Βάζουμε το νερό να βράσει σε μια μεγάλη κατσαρόλα. Προσθέστε τα φακελάκια πράσινου τσαγιού και μετά αποσύρετε από τη φωτιά.

b)   Αφήστε τα φακελάκια τσαγιού να βράσουν για 3 λεπτά. Βγάλτε τα φακελάκια του τσαγιού από την κατσαρόλα και βάλτε το νερό που έχει εμποτιστεί με τσάι να βράσει. Προσθέτουμε τον σολομό και χαμηλώνουμε τη φωτιά.

c)   Ψήνουμε τα φιλέτα σολομού μέχρι να γίνουν αδιαφανή στη μεσαία μερίδα. Μαγειρέψτε τον σολομό για 5-8 λεπτά ή μέχρι να ψηθεί πλήρως.

d)   Βγάζουμε τον σολομό από την κατσαρόλα και τον αφήνουμε στην άκρη.

e)   Σε ένα μπλέντερ ή επεξεργαστή τροφίμων, ρίχνουμε όλα τα φρεσκοκομμένα μυρωδικά, το ελαιόλαδο και το χυμό λεμονιού. Ανακατεύουμε καλά μέχρι το μείγμα να γίνει μια λεία πάστα. Αλατοπιπερώνουμε την πάστα. Μπορείτε να προσαρμόσετε τα καρυκεύματα όταν είναι απαραίτητο.

f)   Σερβίρετε τον σολομό ποσέ σε μια μεγάλη πιατέλα και από πάνω τη φρέσκια πάστα βοτάνων.

29. Σολομός ποσέ με κολλώδες ρύζι

Απόδοση: 1 μερίδα

Συστατικά

- 5 φλιτζάνια ελαιόλαδο
- 2 κεφάλια τζίντζερ? θρυμματισμένο
- 1 κεφάλι σκόρδο? θρυμματισμένο
- 1 ματσάκι Κρεμμύδια? τσακισμένος
- 4 κομμάτια σολομού? (6-ουγγιές)
- 2 φλιτζάνια ιαπωνικό ρύζι? στον ατμό
- $\frac{3}{4}$ φλιτζάνι Mirin
- 2 Κρεμμυδάκια? τσακισμένος
- $\frac{1}{2}$ φλιτζάνι αποξηραμένα κεράσια
- $\frac{1}{2}$ φλιτζάνι αποξηραμένα βατόμουρα
- 1 Φύλλο nori; θρυμματίστηκε
- $\frac{1}{2}$ φλιτζάνι χυμό λεμονιού
- $\frac{1}{2}$ φλιτζάνι ζωμός ψαριού
- $\frac{1}{4}$ φλιτζανιού Ice wine
- $\frac{3}{4}$ φλιτζάνι έλαιο σταφυλιού
- $\frac{1}{2}$ φλιτζάνι καλαμπόκι αποξηραμένο στον αέρα

Κατευθύνσεις

a)   Σε μια κατσαρόλα βάζουμε το ελαιόλαδο στους 160 βαθμούς. Προσθέστε το τριμμένο τζίντζερ, το σκόρδο και το κρεμμύδι. Κατεβάστε το μείγμα από τη φωτιά και αφήστε το να εμποτιστεί για 2 ώρες. Ενταση.

b)   Βράζουμε το ρύζι στον ατμό και στη συνέχεια πασπαλίζουμε με το mirin. Μόλις κρυώσει, ανακατεύουμε τα ψιλοκομμένα κρεμμύδια. Φέρνουμε το ελαιόλαδο στους 160 βαθμούς. Προσθέστε το τριμμένο τζίντζερ, το σκόρδο και το κρεμμύδι. Πάρτε τα μούρα και τα φύκια.

c)   Για να φτιάξετε τη σάλτσα, βράστε το χυμό λεμονιού, το ζωμό ψαριού και το παγωμένο κρασί. Αποσύρουμε από τη φωτιά και ανακατεύουμε με το σταφυλέλαιο. Αλατοπιπερώνουμε.

d)   Για να κάνετε ποσέ το ψάρι, φέρτε το λάδι λαθροθηρίας στους 160 βαθμούς σε μια βαθιά κατσαρόλα. Αλατοπιπερώνουμε τον σολομό και βυθίζουμε απαλά όλο το ψάρι στο λάδι. Αφήστε το να ψηθεί απαλά για περίπου 5 λεπτά ή μέχρι να γίνει μέτριο.

e)   Όσο ψήνεται το ψάρι, τοποθετήστε τη ρυζοσαλάτα σε ένα πιάτο και περιχύστε τη με σάλτσα λεμονιού. Βάλτε ποσέ ψάρια στη ρυζοσαλάτα όταν τελειώσει το ποσέ.

30. Φιλέτο σολομού εσπεριδοειδών

Εξυπηρετεί 4 άτομα

Συστατικά

- $\frac{3}{4}$ kg φιλέτο φρέσκου σολομού
- 2 κουταλιές της σούπας μέλι με γεύση Manuka ή απλό
- 1 κουταλιά της σούπας φρεσκοστυμμένο χυμό λάιμ
- 1 κουταλιά της σούπας φρεσκοστυμμένο χυμό πορτοκαλιού
- $\frac{1}{2}$ κουταλιά της σούπας ξύσμα λάιμ
- $\frac{1}{2}$ κουταλιά της σούπας ξύσμα πορτοκαλιού
- $\frac{1}{2}$ πρέζα αλάτι και πιπέρι
- $\frac{1}{2}$ λάιμ κομμένο σε φέτες
- $\frac{1}{2}$ πορτοκάλι σε φέτες
- $\frac{1}{2}$ χούφτα φρέσκο θυμάρι και μικροβότανα

Κατευθύνσεις

a)   Χρησιμοποιήστε περίπου 1,5 κιλό + Φιλέτο φρέσκου σολομού Regal, με το δέρμα, με τα κόκαλα έξω.

b)   Προσθέστε πορτοκάλι, λάιμ, μέλι, αλάτι, πιπέρι και ξύσμα - ανακατέψτε καλά

c)   Μισή ώρα πριν το μαγείρεμα γλασάρουμε το φιλέτο με πινέλο ζαχαροπλαστικής και υγρά εσπεριδοειδή.

d)   Κόβουμε σε λεπτές φέτες πορτοκάλι και λάιμ

e)   Ψήστε στους 190 βαθμούς για 30 λεπτά και μετά ελέγξτε, μπορεί να χρειαστούν άλλα 5 λεπτά ανάλογα με το πώς προτιμάτε τον σολομό σας.

f)   Βγάζουμε από το φούρνο και πασπαλίζουμε με φρέσκο θυμάρι και μυρωδικά Micro

31. Λαζάνια σολομού

Εξυπηρετεί 4 άτομα

Συστατικά

- 2/3 μέρος(α) Γάλα για λαθροθηρία
- 2/3 γραμμάρια Μαγειρεμένα φύλλα λαζάνια
- 2/3 φλιτζάνι(α) φρέσκος άνηθος
- 2/3 φλιτζάνι(α) μπιζέλια
- 2/3 φλιτζάνι παρμεζάνα
- 2/3 Μπάλα μοτσαρέλα
- 2/3 σάλτσα
- 2/3 σακουλάκι μωρό σπανάκι
- 2/3 φλιτζάνι(ες) κρέμα
- 2/3 κουταλάκι του γλυκού μοσχοκάρυδο

Κατευθύνσεις

a) Αρχικά, φτιάχνουμε τις σάλτσες μπεσαμέλ και σπανάκι και ποσέ τον σολομό. Για τη σάλτσα μπεσαμέλ, λιώνουμε το βούτυρο σε μια μικρή κατσαρόλα. Ανακατεύουμε το αλεύρι και μαγειρεύουμε για λίγα λεπτά μέχρι να αφρατέψει, ανακατεύοντας συνεχώς.

b) Προσθέστε σταδιακά το χλιαρό γάλα, ανακατεύοντας συνεχώς, μέχρι να γίνει λεία η σάλτσα. Αφήνουμε να πάρει μια απαλή βράση, ανακατεύοντας συνεχώς μέχρι να δέσει η σάλτσα. Αλατοπιπερώνετε με αλάτι και πιπέρι.

c) Για να φτιάξετε τη σάλτσα σπανάκι, κόψτε και πλύνετε το σπανάκι. Με το νερό να έχει ακόμα κολλήσει στα φύλλα, τοποθετήστε το σπανάκι σε μια μεγάλη κατσαρόλα, καλύψτε με το καπάκι και σιγοβράστε απαλά μέχρι να μαραθούν τα φύλλα.

d) Στραγγίστε και στύψτε το υπερβολικό νερό. Μεταφέρετε το σπανάκι σε μπλέντερ ή επεξεργαστή τροφίμων, προσθέστε την κρέμα γάλακτος και το μοσχοκάρυδο. Πασπαλίζουμε να ενωθούν και μετά αλατοπιπερώνουμε.

e) Προθερμαίνουμε τον φούρνο στους 180 βαθμούς C. Λαδώνουμε ένα μεγάλο ταψί. Τρίψτε απαλά το σολομό στο γάλα μέχρι να ψηθεί και μετά κόψτε σε κομμάτια καλού μεγέθους. Πετάξτε το γάλα.

f) Καλύψτε τον πάτο του ταψιού με 1 φλιτζάνι σάλτσα μπεσαμέλ.

g) Απλώστε μια επικαλυπτόμενη στρώση από φύλλα λαζάνια πάνω από τη σάλτσα, στη συνέχεια απλώστε μια στρώση σάλτσας από σπανάκι και τοποθετήστε τα μισά κομμάτια σολομού ομοιόμορφα πάνω από αυτό. Πασπαλίζουμε με λίγο ψιλοκομμένο άνηθο. Προσθέστε άλλη μια στρώση λαζάνια, στη συνέχεια προσθέστε μια στρώση σάλτσας μπεσαμέλ και πασπαλίστε με τον αρακά για να γίνει τραχιά κάλυψη.

h) Επαναλάβετε ξανά τις στρώσεις, οπότε τα λαζάνια του, το σπανάκι και ο σολομός, ο άνηθος, τα λαζάνια, η σάλτσα μπεσαμέλ και μετά ο αρακάς. Τελειώνουμε με μια τελευταία στρώση λαζάνια και μετά μια λεπτή στρώση μπεσαμέλ. Περιχύνουμε με τριμμένη παρμεζάνα και κομμάτια φρέσκιας μοτσαρέλας.

i) Ψήνετε τα λαζάνια για 30 λεπτά ή μέχρι να ζεσταθούν και

32. Φιλέτα σολομού Teriyaki

Εξυπηρετεί 4 άτομα

Συστατικά

- 140 γραμμάρια 2 x δίδυμα Regal 140 g μερίδες φρέσκου σολομού
- 1 κούπα(α) ζάχαρη άχνη
- 60 ml σάλτσα σόγιας
- 60 ml καρυκεύματα mirin
- 60 ml καρυκεύματα mirin
- 1 πακέτο βιολογικά noodles udon

Κατευθύνσεις

a) Μαρινάρετε 4 x 140 g κομμάτια φρέσκου σολομού Regal, χρησιμοποιώντας ζάχαρη άχνη, σάλτσα σόγιας, σάλτσα mirin, ανακατέψτε καλά και τα 3 συστατικά και αφήστε τον σολομό για 30 λεπτά.

b) Βράζουμε νερό και προσθέτουμε τα βιολογικά noodles udon και τα αφήνουμε να βράσουν γρήγορα για 10 λεπτά.

c) Κόβουμε τα ασκαλώνια σε λεπτές φέτες και τα αφήνουμε στην άκρη.

d) Μαγειρέψτε τις μερίδες του φιλέτου σολομού σε ένα τηγάνι σε μέτρια προς δυνατή φωτιά για 5 λεπτά και στη συνέχεια γυρίστε από τη μία πλευρά στην άλλη, περιχύνοντας την επιπλέον σάλτσα.

e) Μόλις είναι έτοιμα τα noodles απλώστε στο πιάτο, ρίξτε από πάνω σολομό

33. Τραγανό δέρμα σολομού με ντρέσινγκ κάπαρης

Εξυπηρετεί 4 άτομα

Συστατικά

- 4 μερίδες φρέσκου φιλέτο σολομού ΝΖ 140 γρ
- 200 ml ελαιόλαδο Premium
- 160 ml Λευκό βαλσάμικο ξύδι
- 2 σκελίδες σκόρδο λιωμένες
- 4 κουταλιές της σούπας κάπαρη ψιλοκομμένη
- 4 κουταλιές της σούπας μαϊντανό ψιλοκομμένο
- 2 κουταλιές της σούπας άνηθο ψιλοκομμένο

Κατευθύνσεις

a) Ρίξτε τα φιλέτα σολομού με 20 ml ελαιόλαδο και αλατοπιπερώστε.

b) Μαγειρέψτε σε δυνατή φωτιά χρησιμοποιώντας ένα αντικολλητικό τηγάνι για 5 λεπτά, γυρίζοντας από πάνω προς τα κάτω και από τη μία πλευρά στην άλλη.

c) Βάλτε τα υπόλοιπα υλικά σε ένα μπολ και χτυπήστε με το σύρμα, αυτό είναι το ντρέσινγκ σας, μόλις ψηθεί ο σολομός, ρίξτε το ντρέσινγκ με κουτάλι πάνω από το φιλέτο, με την πλευρά της πέτσας προς τα πάνω.

d) Σερβίρουμε με σαλάτα με αχλάδι, καρύδι, χαλούμι και ρόκα

34. Φιλέτο σολομού με χαβιάρι

Εξυπηρετεί 4 άτομα

Συστατικά
- 1 κουταλάκι του γλυκού Αλάτι
- 1 σφήνες λάιμ
- 10 ασκαλώνια (κρεμμύδια) καθαρισμένα
- 2 κουταλιές της σούπας λάδι σόγιας (επιπλέον για το βούρτσισμα)
- 250 γραμμάρια ντοματίνια κομμένα στη μέση
- 1 μικρό πράσινο τσίλι κομμένο σε λεπτές φέτες
- 4 κουταλιές της σούπας χυμός λάιμ
- 3 κουταλιές της σούπας σάλτσα ψαριού
- 1 κουταλιά της σούπας Ζάχαρη
- 1 χούφτα κλωναράκια κόλιανδρου
- 1 1/2kg Φιλέτο φρέσκου σολομού s/on b/out
- 1 βάζο αυγοτάραχο σολομού (χαβιάρι)
- 3/4 αγγούρι ξεφλουδισμένα, κομμένα στη μέση, ξεσποριασμένα και κομμένα σε λεπτές φέτες

Κατευθύνσεις
a) Προθερμαίνουμε το φούρνο στους 200 βαθμούς, αλλά σε ένα κεραμικό μπολ το αγγούρι σε φέτες, με το αλάτι, το αφήνουμε στην άκρη για 30 λεπτά αφήνοντάς το να πάρει τουρσί.

b) Σε ένα μικρό ταψί βάζετε τα ασκαλώνια, προσθέτετε το σογιέλαιο, ανακατεύετε καλά και τα αφήνετε στο φούρνο για 30 λεπτά, μέχρι να μαλακώσουν και να ροδίσουν καλά.

c) Βγάζετε από το φούρνο και αφήνετε στην άκρη να κρυώσει, εν τω μεταξύ πλένετε καλά το αλατισμένο αγγούρι, κάτω από άφθονο κρύο τρεχούμενο νερό, στη συνέχεια το στύβετε σε χούφτες και το βάζετε σε ένα μπολ.

d) Προθερμαίνουμε το γκριλ του φούρνου σε πολύ ζεστό, κόβουμε τα ασκαλώνια στη μέση και τα προσθέτουμε στο αγγούρι.

e) Προσθέστε τις ντομάτες, το τσίλι, το χυμό λάιμ, τη σάλτσα ψαριού, τη ζάχαρη, τα κλωνάρια κόλιανδρου και το σησαμέλαιο και ανακατέψτε καλά.

f) Δοκιμάζουμε – αν χρειαστεί προσαρμόζουμε το γλυκό, με ζάχαρη και χυμό λάιμ – αφήνουμε στην άκρη.

g) Τοποθετήστε τον σολομό σε λαδωμένο χαρτί ψησίματος, αλείψτε τον σολομό με λάδι σόγιας, αλατοπιπερώστε, βάλτε το κάτω από τη σχάρα για 10 λεπτά ή μέχρι να ψηθεί και να ροδίσει ελαφρά.

h) Βγάζετε από το φούρνο, σύρετε σε μια πιατέλα, πασπαλίζετε με το μείγμα ντομάτας και αγγουριού και μια κουταλιά αυγοτάραχο σολομού.

i) Σερβίρουμε με Lime Wedges και ρύζι

35. Μπριζόλες σολομού γαύρου στη σχάρα

Απόδοση: 4 μερίδες

Συστατικό
- 4 μπριζόλες σολομού
- Κλαδιά μαϊντανού
- Φέτες λεμονιού ---βούτυρο γαύρου -----
- 6 φιλέτα γαύρου
- 2 κουταλιές της σούπας Γάλα
- 6 κουταλιές της σούπας Βούτυρο
- 1 σταγόνα σάλτσα ταμπάσκο
- Πιπέρι

Κατευθύνσεις
a)   Προθερμαίνουμε το γκριλ σε δυνατή φωτιά. Λαδώστε τη σχάρα του γκριλ και τοποθετήστε κάθε μπριζόλα για να εξασφαλίσετε ομοιόμορφη θερμοκρασία. Τοποθετήστε ένα μικρό πόμολο βούτυρο γαύρου (μοιράστε το ένα τέταρτο του μείγματος στα τέσσερα) σε κάθε μπριζόλα. Ψήστε στη σχάρα για 4 λεπτά.

b)   Γυρίστε τις μπριζόλες με μια φέτα ψαριού και βάλτε άλλο ένα τέταρτο από το βούτυρο ανάμεσα στις μπριζόλες. Ψήστε στη δεύτερη πλευρά για 4 λεπτά. Χαμηλώνουμε τη φωτιά και αφήνουμε να ψηθούν για άλλα 3 λεπτά, λιγότερο αν οι μπριζόλες είναι λεπτές.

c)   Σερβίρετε με μια τακτοποιημένη μπλούζα βούτυρο γαύρου πάνω από κάθε μπριζόλα.

d)   Γαρνίρουμε με κλωναράκια μαϊντανού και φέτες λεμονιού.

e)   Βούτυρο γαύρου: Μουλιάζουμε όλα τα φιλέτα γαύρου στο γάλα. Πολτοποιήστε σε ένα μπολ με μια ξύλινη κουτάλα μέχρι να γίνει κρέμα. Κρεμάστε όλα τα υλικά μαζί και κρυώστε.

f)   Σερβίρει 4.

36. Σολομός καπνιστού μπάρμπεκιου στη σχάρα

Απόδοση: 4 μερίδες

Συστατικό

- 1 κουταλάκι του γλυκού τριμμένη φλούδα λάιμ
- $\frac{1}{4}$ φλιτζάνι χυμός λάιμ
- 1 κουταλιά της σούπας Φυτικό λάδι
- 1 κουταλάκι του γλυκού μουστάρδα Dijon
- 1 πρέζα Πιπέρι
- 4 μπριζόλες σολομού, πάχους 1 ίντσας [1-1/2 λίβρα]
- ⅓φλιτζάνι φρυγανισμένο σουσάμι

Κατευθύνσεις

a) Σε ρηχό πιάτο, συνδυάστε τη φλούδα και το χυμό λάιμ, το λάδι, τη μουστάρδα και το πιπέρι. προσθέστε ψάρι, γυρίζοντας σε παλτό. Σκεπάζουμε και μαρινάρουμε σε θερμοκρασία δωματίου για 30 λεπτά, γυρνώντας κατά διαστήματα.

b) Κρατώντας τη μαρινάδα, αφαιρέστε τα ψάρια. πασπαλίζουμε με σουσάμι. Τοποθετούμε σε λαδόκολλα απευθείας σε μέτρια φωτιά. Προσθέστε εμποτισμένα ροκανίδια.

c) Σκεπάζετε και μαγειρεύετε, γυρίζοντας και αλείφοντας με μαρινάδα μέχρι τη μέση, για 16-20 λεπτά ή μέχρι να ξεφλουδίσει εύκολα το ψάρι όταν το δοκιμάσετε με το πιρούνι.

37. Σολομός στα κάρβουνα και μαύρα φασόλια

Απόδοση: 4 μερίδες

Συστατικό

- ½ κιλά μαύρα φασόλια? μούσκεμα
- 1 μικρό κρεμμύδι? ψιλοκομμένο
- 1 μικρό Καρότο
- ½ Παϊδάκι σέλινο
- 2 ουγγιές ζαμπόν? ψιλοκομμένο
- 2 πιπεριές Jalapeno; μίσχο και κομμένο σε κύβους
- 1 Σκελίδα Σκόρδο
- 1 φύλλο δάφνης; δεμένα μαζί με
- 3 κλαράκια Θυμάρι
- 5 φλιτζάνια Νερό
- 2 σκελίδες σκόρδο? κιμάς
- ½ κουταλάκι του γλυκού Νιφάδες καυτερής πιπεριάς
- ½ λεμόνι; χυμός
- 1 Λεμόνι; χυμός
- ⅓φλιτζάνι Ελαιόλαδο
- 2 κουταλιές της σούπας φρέσκος βασιλικός? ψιλοκομμένο
- Μπριζόλες σολομού 24 ουγκιών

Κατευθύνσεις

a)   Ανακατεύουμε σε μια μεγάλη κατσαρόλα τα φασόλια, το κρεμμύδι, το καρότο, το σέλινο, το ζαμπόν, το jalapenos, ολόκληρη τη σκελίδα σκόρδο, τη δάφνη με το θυμάρι και το νερό. Σιγοβράζουμε μέχρι να μαλακώσουν τα φασόλια, περίπου 2 ώρες, προσθέτοντας περισσότερο νερό όσο χρειάζεται για να διατηρηθούν τα φασόλια καλυμμένα.

b)   Αφαιρέστε το καρότο, το σέλινο, τα μυρωδικά και το σκόρδο και στραγγίστε το υπόλοιπο μαγειρικό υγρό. Ρίξτε τα φασόλια με το ψιλοκομμένο σκόρδο, τις νιφάδες καυτερής πιπεριάς και το χυμό από $\frac{1}{2}$ λεμονιού. Αφήνω στην άκρη.

c)   Ενώ τα φασόλια ψήνονται, συνδυάστε το χυμό ενός ολόκληρου λεμονιού, το ελαιόλαδο και τα φύλλα βασιλικού. Περιχύνουμε τις μπριζόλες σολομού και τις βάζουμε στο ψυγείο για 1 ώρα. Ψήστε το σολομό σε μέτρια δυνατή φωτιά για 4-5 λεπτά ανά πλευρά, αλείφοντας με λίγη από τη μαρινάδα κάθε λεπτό. Σερβίρετε κάθε μπριζόλα με μια μερίδα φασόλια.

38. Σολομός Αλάσκας με κροτίδες στη σχάρα

Απόδοση: 4 μερίδες

Συστατικό

- 4 6 ουγκιές. μπριζόλες σολομού
- $\frac{1}{4}$ φλιτζάνι φυστικέλαιο
- 2 κουταλιές της σούπας σάλτσα σόγιας
- 2 κουταλιές της σούπας ξύδι βαλσάμικο
- 2 κουταλιές της σούπας κρεμμύδι ψιλοκομμένο
- 1 $\frac{1}{2}$ κουταλάκι του γλυκού καστανή ζάχαρη
- 1 σκελίδα σκόρδο, ψιλοκομμένη
- $\frac{3}{4}$ κουταλάκι του γλυκού τριμμένη φρέσκια ρίζα τζίντζερ
- $\frac{1}{2}$ κουταλάκι του γλυκού νιφάδες κόκκινης τσίλι, ή περισσότερο
- Γεύση
- $\frac{1}{2}$ κουταλάκι του γλυκού σησαμέλαιο
- $\frac{1}{8}$ κουταλάκι του γλυκού Αλάτι

Κατευθύνσεις

a) Τοποθετήστε τις μπριζόλες σολομού σε ένα γυάλινο σκεύος. Χτυπάμε τα υπόλοιπα υλικά και περιχύνουμε τον σολομό.

b) Σκεπάζουμε με πλαστική μεμβράνη και μαρινάρουμε στο ψυγείο για 4 με 6 ώρες. Ζεσταίνουμε τη σχάρα. Βγάζουμε τον σολομό από τη μαρινάδα, αλείφουμε τη σχάρα με λάδι και τοποθετούμε τον σολομό στη σχάρα.

c) Ψήστε σε μέτρια φωτιά για 10 λεπτά ανά ίντσα πάχους, μετρημένο στο πιο παχύ μέρος, γυρίζοντας στα μισά του ψησίματος ή μέχρι το ψάρι να ξεφλουδίσει όταν δοκιμάζεται με ένα πιρούνι.

39. Φλας ψητός σολομός

Απόδοση: 1 μερίδα

Συστατικό
- 3 ουγγιές σολομός
- 1 κουταλιά της σούπας ελαιόλαδο
- $\frac{1}{2}$ λεμόνι; χυμό από
- 1 κουταλάκι σχοινόπρασο
- 1 κουταλάκι του γλυκού μαϊντανός
- 1 κουταλάκι του γλυκού φρεσκοτριμμένο πιπέρι
- 1 κουταλιά της σούπας σάλτσα σόγιας
- 1 κουταλιά της σούπας σιρόπι σφενδάμου
- 4 κρόκοι αυγών
- $\frac{1}{4}$ πίντα ζωμός ψαριού
- $\frac{1}{4}$ πίντα Λευκό κρασί
- 125 χιλιοστόλιτρα Διπλή κρέμα
- Βολβοί φαγώσιμοι
- Μαϊντανός

Κατευθύνσεις

a) Κόβουμε σε λεπτές φέτες τον σολομό και βάζουμε σε ένα δοχείο με ελαιόλαδο, σιρόπι σφενδάμου, σάλτσα σόγιας, πιπέρι και χυμό λεμονιού για 10-20 λεπτά.

b) Σαμπαγιόν: Χτυπάμε τα αυγά σε μπεν μαρί. Μειώστε το λευκό κρασί και τον ζωμό ψαριού σε ένα τηγάνι. Προσθέστε το μείγμα στα ασπράδια και χτυπήστε. Προσθέστε την κρέμα γάλακτος, ανακατεύοντας ακόμα.

c) Τοποθετήστε τις λεπτές φέτες σολομού στο πιάτο σερβιρίσματος και περιχύστε λίγο από το σαμπαγιόν. Τοποθετήστε κάτω από τη σχάρα για 2-3 λεπτά μόνο.

d) Αφαιρούμε και σερβίρουμε αμέσως με σκορπίζοντας σχοινόπρασο και μαϊντανό.

40. Ζυμαρικά σολομού και καλαμαριού στη σχάρα

Απόδοση: 1 μερίδα

Συστατικό

- 4 200 g; (7-8oz) κομμάτια φιλέτο σολομού
- Αλατοπίπερο
- 20 χιλιοστόλιτρα Φυτικό λάδι; (3/4oz)
- Ελαιόλαδο για τηγάνισμα
- 3 σκελίδες σκόρδο ψιλοκομμένες
- 3 Ντομάτες ψιλοκομμένες
- 1 φρέσκο κρεμμυδάκι ψιλοκομμένο
- Καρύκευμα
- 1 μπρόκολο

Κατευθύνσεις

a) Ζυμαρικά: μπορείτε να αγοράσετε φακελάκια με μελάνι καλαμαριού από ένα καλό ιχθυοπωλείο ... ή να χρησιμοποιήσετε τα αγαπημένα σας ζυμαρικά

b) Προθερμάνετε το φούρνο στους 240°C/475°F/γκάζι σήμα 9.

c) Αλατοπιπερώνουμε τα κομμάτια του φιλέτου σολομού. Ζεσταίνουμε ένα αντικολλητικό τηγάνι και μετά προσθέτουμε λάδι. Βάλτε τον σολομό στο τηγάνι και σοτάρετε από κάθε πλευρά για 30 δευτερόλεπτα.

d) Μεταφέρετε το ψάρι σε ένα ταψί και στη συνέχεια ψήνετε για 6-8 λεπτά μέχρι να ξεφλουδίσει το ψάρι, αλλά να είναι λίγο ροζ στο κέντρο. Αφήστε να ξεκουραστεί για 2 λεπτά.

e) Μεταφέρετε το ψάρι σε ζεστά πιάτα και περιχύστε με κουτάλι τη σάλτσα.

f) Βράζουμε το μπρόκολο με τα ζυμαρικά για περίπου 5 λεπτά.

g) Ρίχνουμε λίγο λάδι στο τηγάνι, προσθέτουμε το σκόρδο, τις ντομάτες και τα φρέσκα κρεμμυδάκια. Τηγανίζουμε σε χαμηλή φωτιά για 5 λεπτά, προσθέτουμε το μπρόκολο τελευταία στιγμή.

41. Σολομός με ψητά κρεμμύδια

Κάνει 8 με 10 μερίδες

Συστατικά
- 2 φλιτζάνια τσιπς σκληρού ξύλου, εμποτισμένα σε νερό
- 1 μεγάλος σολομός Νορβηγίας εκτροφής (περίπου 3 λίβρες), αφαιρέθηκαν τα κόκαλα από καρφίτσα
- 3 φλιτζάνια καπνιστή άλμη, φτιαγμένη με βότκα
- $\frac{3}{4}$ φλιτζάνι Smoking Rub
- 1 κουταλιά της σούπας ξερό ζιζάνιο άνηθου
- 1 κουταλάκι του γλυκού κρεμμύδι σε σκόνη
- 2 μεγάλα κόκκινα κρεμμύδια, κομμένα σε γύρους πάχους - ίντσας
- $\frac{3}{4}$ φλιτζάνι έξτρα παρθένο ελαιόλαδο 1 ματσάκι φρέσκο άνηθο
- Ψιλοτριμμένο ξύσμα από 1 λεμόνι 1 σκελίδα σκόρδο, ψιλοκομμένο
- Χοντρό αλάτι και αλεσμένο μαύρο πιπέρι

Κατευθύνσεις
a) Βάλτε τον σολομό σε μια τσάντα jumbo (2 γαλονιών) με φερμουάρ. Εάν έχετε μόνο σακούλες 1 γαλονιού, κόψτε το ψάρι στη μέση και χρησιμοποιήστε δύο σακούλες. Προσθέστε την άλμη στις σακούλες, πιέστε τον αέρα και σφραγίστε. Βάζουμε στο ψυγείο για 3 με 4 ώρες.

b) Ανακατέψτε όλα εκτός από 1 κουταλιά της σούπας από το τρίψιμο με τον αποξηραμένο άνηθο και το κρεμμύδι σε σκόνη και αφήστε το στην άκρη. Μουλιάζουμε τις φέτες κρεμμυδιού σε παγωμένο νερό. Ζεσταίνουμε μια σχάρα για έμμεση χαμηλή φωτιά, περίπου 225ιF, με καπνό. Στραγγίζουμε τα ροκανίδια και τα προσθέτουμε στη σχάρα.

c) Αφαιρέστε τον σολομό από την άλμη και στεγνώστε με χαρτί κουζίνας. Πετάξτε την άλμη. Αλείψτε το ψάρι με 1 κουταλιά της σούπας λάδι και πασπαλίστε την κρεατική πλευρά με το τρίψιμο που έχει ξεραμένο άνηθο.

d) Βγάλτε τα κρεμμύδια από το παγωμένο νερό και στεγνώστε τα. Αλείψτε με 1 κουταλιά της σούπας λάδι και πασπαλίστε με την υπόλοιπη 1 κουταλιά της σούπας τρίψτε. Αφήνουμε τα ψάρια και τα κρεμμύδια στην άκρη να ξεκουραστούν για 15 λεπτά.

e) Αλείψτε τη σχάρα της σχάρας και τρίψτε καλά με λάδι. Τοποθετούμε τον σολομό με τη σάρκα προς τα κάτω, κατευθείαν πάνω από τη φωτιά και ψήνουμε στο γκριλ για 5 λεπτά μέχρι να ροδίσει η επιφάνεια. Χρησιμοποιώντας μια μεγάλη σπάτουλα ψαριού ή δύο κανονικές σπάτουλες, γυρίστε το ψάρι με το δέρμα προς τα κάτω και τοποθετήστε το στη σχάρα του γκριλ μακριά από τη φωτιά. Βάλτε τις φέτες κρεμμυδιού απευθείας πάνω στη φωτιά.

f) Κλείνουμε τη σχάρα και μαγειρεύουμε μέχρι ο σολομός να σφίξει εξωτερικά, αλλά να μην στεγνώσει και να είναι ελαστικός στο κέντρο, περίπου 25 λεπτά. Όταν τελειώσει, η υγρασία θα περάσει στην επιφάνεια όταν πιέζεται απαλά το ψάρι. Δεν πρέπει να ξεφλουδίζει πλήρως υπό πίεση.

g) Γυρίστε τα κρεμμύδια μια φορά κατά τη διάρκεια του μαγειρέματος.

42. Σολομός σανίδα κέδρου

Σερβίρει: 6

Συστατικά
- 1 σανίδα κέδρου χωρίς επεξεργασία (περίπου 14" x 17" x 1/2")
- 1/2 φλιτζάνι ιταλικό dressing
- 1/4 φλιτζάνι λιαστή ντομάτα ψιλοκομμένη
- 1/4 φλιτζάνι φρέσκο βασιλικό ψιλοκομμένο
- 1 (2 κιλά) φιλέτο σολομού (πάχος 1 ίντσας), αφαιρείται το δέρμα

Κατευθύνσεις
a) Βυθίστε εντελώς τη σανίδα κέδρου στο νερό, τοποθετώντας ένα βάρος από πάνω για να την κρατήσετε πλήρως καλυμμένη. Μουλιάζουμε τουλάχιστον 1 ώρα.

b) Προθερμάνετε το γκριλ σε μέτρια προς υψηλή θερμοκρασία.

c) Σε ένα μικρό μπολ, συνδυάστε το dressing, τις λιαστές ντομάτες και τον βασιλικό. αφήνω στην άκρη.

d) Αφαιρέστε τη σανίδα από το νερό. Τοποθετήστε το σολομό σε σανίδα. τοποθετήστε σε σχάρα και κλείστε το καπάκι. Ψήστε στη σχάρα για 10 λεπτά και στη συνέχεια αλείψτε τον σολομό με μείγμα ντρέσινγκ. Κλείστε το καπάκι και ψήστε στη σχάρα για 10 λεπτά ακόμη, ή μέχρι να ξεφλουδίσει εύκολα ο σολομός με ένα πιρούνι.

43. Καπνιστός σολομός σκόρδου

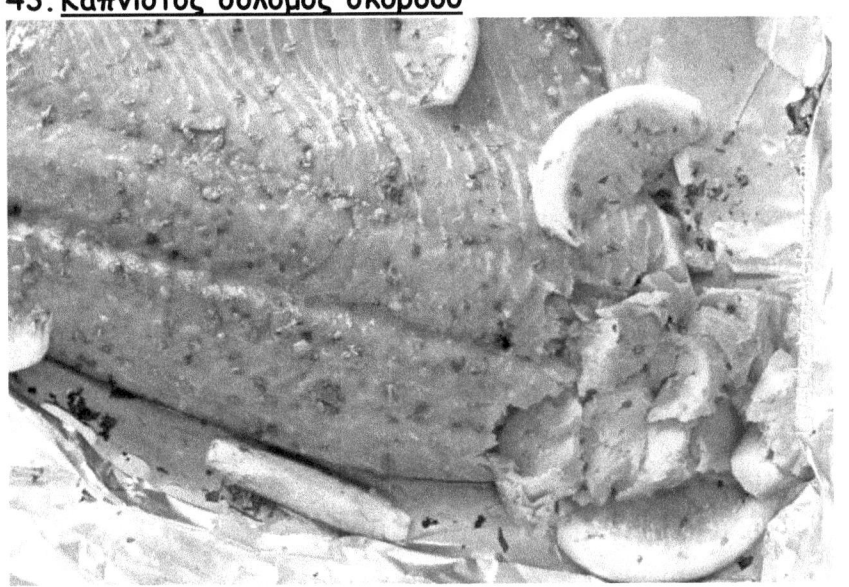

Σερβίρει 4

Συστατικά
- 1 1/2 λίβρες. φιλέτο σολομού
- αλάτι και πιπέρι κατά βούληση 3 σκελίδες σκόρδο, ψιλοκομμένες
- 1 κλωναράκι φρέσκο άνηθο, ψιλοκομμένο 5 φέτες λεμόνι
- 5 κλωναράκια φρέσκο ζιζάνιο άνηθου
- 2 φρέσκα κρεμμυδάκια, ψιλοκομμένα

Κατευθύνσεις
a) Προετοιμάστε τον καπνιστή στους 250° F.

b) Ψεκάστε δύο μεγάλα κομμάτια αλουμινόχαρτου με μαγειρικό σπρέι.

c) Τοποθετήστε το φιλέτο σολομού πάνω από ένα κομμάτι αλουμινόχαρτο. Πασπαλίζουμε τον σολομό με αλάτι, πιπέρι, το σκόρδο και τον ψιλοκομμένο άνηθο. Τοποθετήστε τις φέτες λεμονιού πάνω από το φιλέτο και τοποθετήστε ένα κλαδάκι άνηθο πάνω από κάθε φέτα λεμονιού. Πασπαλίζουμε το φιλέτο με φρέσκα κρεμμυδάκια.

d) Καπνίζετε για περίπου 45 λεπτά.

44. Σολομός στη σχάρα με φρέσκα ροδάκινα

Μερίδες: 6 μερίδες

Συστατικά

- 6 φιλέτα σολομού, πάχους 1 ίντσας
- 1 μεγάλη κονσέρβα ροδάκινα σε φέτες, ελαφριά ποικιλία σιροπιού
- 2 κουταλιές της σούπας λευκή ζάχαρη
- 2 κουταλιές της σούπας ελαφριά σάλτσα σόγιας
- 2 κουταλιές της σούπας μουστάρδα Dijon
- 2 κουταλιές της σούπας ανάλατο βούτυρο
- 1 πόμο φρέσκου τζίντζερ 1 ίντσας, τριμμένο
- 1 κουταλιά της σούπας ελαιόλαδο, εξαιρετικής παρθένου ποικιλίας
- Αλάτι και πιπέρι για να γευτείς
- Φρεσκοκομμένο κόλιανδρο

Κατευθύνσεις:

a) Στραγγίζουμε τα ροδάκινα σε φέτες και κρατάμε περίπου 2 κουταλιές της σούπας ελαφρύ σιρόπι. Κόβουμε τα ροδάκινα σε κομμάτια μεγέθους μπουκιάς.

b) Τοποθετήστε τα φιλέτα σολομού σε ένα μεγάλο ταψί.

c) Σε μια μέτρια κατσαρόλα, προσθέστε το κρατημένο σιρόπι ροδάκινου, τη λευκή ζάχαρη, τη σάλτσα σόγιας, τη μουστάρδα Dijon, το βούτυρο, το ελαιόλαδο και το τζίντζερ. Συνεχίζουμε το ανακάτεμα σε χαμηλή φωτιά μέχρι να πήξει λίγο το μείγμα. Προσθέστε αλάτι και πιπέρι ανάλογα με τη γεύση.

d) Σβήνουμε τη φωτιά και απλώνουμε γενναιόδωρα λίγο από το μείγμα στα φιλέτα του σολομού, χρησιμοποιώντας ένα πινέλο για καθαρισμό.

e) Προσθέστε τα ροδάκινα σε φέτες στην κατσαρόλα και περιχύστε καλά με το γλάσο. Περιχύνουμε το σολομό με τα ροδάκινα γλασέ και απλώνουμε ομοιόμορφα.

f) Ψήστε τον σολομό για περίπου 10-15 λεπτά στους 420F. Προσέχετε προσεκτικά τον σολομό για να μην καεί το πιάτο.

g) Πασπαλίστε λίγο φρεσκοκομμένο κόλιαντρο πριν το σερβίρετε.

45. Σαλάτα με τζίντζερ ψητό σολομό

Απόδοση: 4 μερίδες

Συστατικά

- $\frac{1}{4}$ φλιτζάνι απλό γιαούρτι χωρίς λιπαρά
- 2 κουταλιές της σούπας ψιλοκομμένο φρέσκο τζίντζερ
- 2 σκελίδες σκόρδο, ψιλοκομμένες
- 2 κουταλιές της σούπας φρέσκος χυμός λάιμ
- 1 κουταλιά της σούπας φρεσκοτριμμένο ξύσμα λάιμ
- 1 κουταλιά της σούπας Μέλι
- 1 κουταλιά της σούπας λάδι Canola
- $\frac{1}{2}$ κουταλάκι του γλυκού Αλάτι
- $\frac{1}{2}$ κουταλάκι του γλυκού φρεσκοτριμμένο μαύρο πιπέρι
- $1\frac{1}{4}$ κιλό φιλέτο σολομού, πάχους 1 ίντσας, κομμένο σε 4 κομμάτια, δέρμα επάνω, αφαιρούνται τα κόκαλα από καρφίτσα
- Σαλάτα με κάρδαμο και τουρσί τζίντζερ
- Φέτες λάιμ για γαρνίρισμα

Κατευθύνσεις:

a) Σε ένα μικρό μπολ, χτυπήστε ελαφρά το γιαούρτι, το τζίντζερ, το σκόρδο, το χυμό λάιμ, το ξύσμα λάιμ, το μέλι, το λάδι, αλάτι και πιπέρι.

b) Τοποθετούμε το σολομό σε ένα ρηχό γυάλινο σκεύος και τον περιχύνουμε με τη μαρινάδα, γυρίζοντας τον σολομό να στρωθεί από όλες τις πλευρές. Σκεπάζουμε και μαρινάρουμε στο ψυγείο για 20 με 30 λεπτά, γυρνώντας μία ή δύο φορές.

c) Εν τω μεταξύ, ετοιμάστε μια φωτιά στα κάρβουνα ή προθερμάνετε μια σχάρα αερίου. (Μην χρησιμοποιείτε τηγάνι γκριλ, ο σολομός θα κολλήσει.) 3. Χρησιμοποιώντας μια βούρτσα μπάρμπεκιου με μακριά λαβή, αλείψτε τη σχάρα με λάδι.

d) Τοποθετήστε το σολομό, με την πλευρά του δέρματος προς τα πάνω, στη σχάρα. Μαγειρέψτε για 5 λεπτά. Χρησιμοποιώντας 2 μεταλλικές σπάτουλες, αναποδογυρίστε προσεκτικά τα κομμάτια σολομού και μαγειρέψτε μέχρι να γίνουν αδιαφανή στο κέντρο, για 4 με 6 λεπτά περισσότερο. Με 2 σπάτουλες αφαιρούμε τον σολομό από τη σχάρα. Γλιστρήστε από το δέρμα.

e) Ρίξτε τη σαλάτα νεροκάρδαμο με dressing και μοιράστε σε 4 πιάτα. Από πάνω ρίχνουμε ένα κομμάτι ψητό σολομό. Γαρνίρουμε με φέτες λάιμ. Σερβίρετε αμέσως.

46. Ψητός σολομός με μάραθο σαλάτα

Απόδοση: 2 μερίδες

Συστατικό

- 2 140 γρ φιλέτα σολομού
- 1 βολβός μάραθο? σε λεπτές φέτες
- $\frac{1}{2}$ αχλάδι; σε λεπτές φέτες
- Λίγα κομμάτια καρύδια
- 1 πρέζα Σπασμένο κάρδαμο
- 1 Πορτοκάλι; τμηματικά, χυμός
- 1 ματσάκι κόλιανδρο? ψιλοκομμένο
- 50 γραμμάρια Ελαφρύ φρέσκο
- 1 πρέζα κανέλα σε σκόνη
- Αλάτι σε νιφάδες και αλεσμένο μαύρο πιπέρι

Κατευθύνσεις:

a) Αλατοπιπερώνουμε τον σολομό και τον ψήνουμε κάτω από τη σχάρα.

b) Ανακατεύουμε το αχλάδι με το μάραθο και αλατοπιπερώνουμε με μπόλικο μαύρο πιπέρι, κάρδαμο και καρύδια.

c) Ανακατεύουμε το χυμό και το ξύσμα πορτοκαλιού με το φρέσκο φρουά και προσθέτουμε λίγη κανέλα. Τοποθετούμε ένα σωρό μάραθο στο κέντρο του πιάτου και από πάνω στρώνουμε τον σολομό. Διακοσμήστε το εξωτερικό του πιάτου με πορτοκαλί κομμάτια και περιχύστε με το πορτοκαλί από φράις.

d) Ο μάραθος μειώνει τις τοξίνες του αλκοόλ στο σώμα και είναι καλό χωνευτικό.

47. Σολομός στη σχάρα με πατάτα και νεροκάρδαμο

Απόδοση: 6 μερίδες

Συστατικό

- 3 λίβρες Μικρό κόκκινο με λεπτό δέρμα
- Πατάτες
- 1 φλιτζάνι κόκκινο κρεμμύδι σε λεπτές φέτες
- 1 φλιτζάνι καρυκευμένο ξύδι ρυζιού
- Περίπου 1/2-λίβρα νεροκάρδαμο
- Ξεπλυμένα και τραγανά
- 1 φιλέτο σολομού, περίπου 2 κιλά.
- 1 κουταλιά της σούπας σάλτσα σόγιας
- 1 κουταλιά της σούπας μαύρη ζάχαρη σφιχτή συσκευασμένη
- 2 φλιτζάνια ροκανίδια σκλήθρου ή μεσκίτσου
- Μουλιασμένο σε νερό
- Αλας

Κατευθύνσεις:

a) Σε ένα τηγάνι 5 έως 6 λίτρων, βράστε περίπου 2 λίτρα νερό σε δυνατή φωτιά. προσθέστε πατάτες. Σκεπάζουμε και σιγοβράζουμε σε χαμηλή φωτιά μέχρι να μαλακώσουν οι πατάτες όταν τρυπηθούν, για 15 με 20 λεπτά. Στραγγίζουμε και κρυώνουμε.

b) Μουλιάζουμε τα κρεμμύδια για περίπου 15 λεπτά σε κρύο νερό για να καλυφθούν. Στραγγίζουμε και ανακατεύουμε τα κρεμμύδια με το ξύδι ρυζιού. Κόβουμε τις πατάτες στα τέσσερα. προσθέστε στα κρεμμύδια.

c) Κόψτε τα τρυφερά κλωνάρια κάρδαμου από τους μίσχους και, στη συνέχεια, ψιλοκόψτε αρκετά από τα κοτσάνια για να κάνετε $\frac{1}{2}$ φλιτζάνι (απορρίψτε τα πρόσθετα ή αποθηκεύστε τα για άλλες χρήσεις). Ανακατέψτε τα ψιλοκομμένα στελέχη σε μια μεγάλη οβάλ πιατέλα με πατατοσαλάτα μαζί. σκεπάζουμε και διατηρούμε δροσερό. Ξεπλύνετε τον σολομό και στεγνώστε τα. Τοποθετήστε με το δέρμα προς τα κάτω, σε ένα κομμάτι βαρύ αλουμινόχαρτο. Κόψτε αλουμινόχαρτο για να ακολουθήσετε τα περιγράμματα των ψαριών, αφήνοντας ένα περίγραμμα 1 ίντσας.

d) Σφίξτε τις άκρες του φύλλου για να ταιριάζουν με την άκρη του ψαριού. Ανακατέψτε τη σάλτσα σόγιας με την καστανή ζάχαρη και απλώστε το πάνω στο φιλέτο σολομού.

e) Τοποθετήστε τα ψάρια στο κέντρο της ψησταριάς, όχι πάνω από κάρβουνα ή φλόγα. Καλύψτε το μπάρμπεκιου (ανοιχτές οπές για κάρβουνα) και μαγειρέψτε μέχρι το ψάρι να είναι μόλις αδιαφανές στο παχύτερο μέρος (κομμένο για δοκιμή), 15 έως 20 λεπτά. Μεταφέρετε το ψάρι σε πιατέλα με σαλάτα. Προσθέστε αλάτι για γεύση. Σερβίρετε ζεστό ή κρύο.

48. Σολομός βίνα ολκί

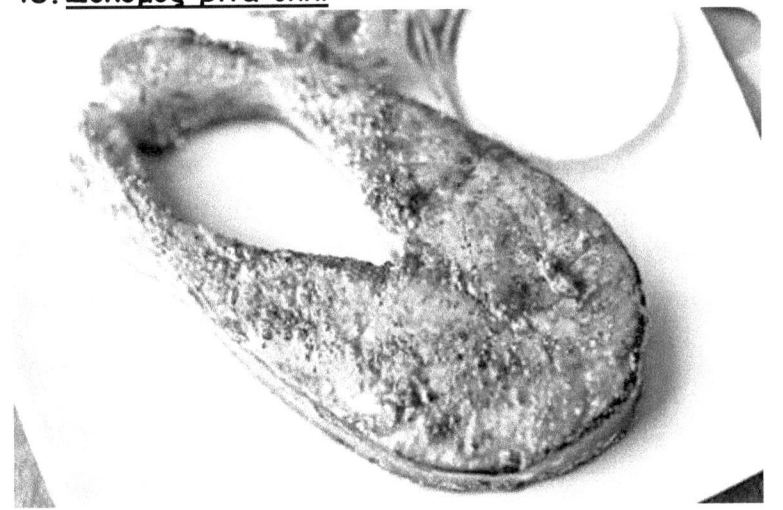

Απόδοση: 1 μερίδα

Συστατικό

- 2 φλιτζάνια ξύδι
- 4 φλιτζάνια Νερό
- 2 κουταλάκια του γλυκού Κανέλα
- 4 κουταλάκια του γλυκού Αλεσμένος σπόρος κύμινου
- 6 μεγάλες σκελίδες σκόρδο, πολτοποιημένες
- Αλάτι και πιπέρι για να γευτείς
- Σολομός

Κατευθύνσεις:

a) Ανακατεύουμε όλα τα υλικά σε ένα μεγάλο μπρίκι και ανακατεύουμε καλά.

b) Προσθέστε φέτες σολομού και ανακατέψτε καλά ώστε κάθε φέτα να απορροφήσει τα μπαχαρικά και το σκόρδο.

c) Αφήστε το σε άλμη όλη τη νύχτα, αλλά όχι περισσότερο από 24 ώρες, καθώς ο σολομός τείνει να γίνει χυλός.

d) Αφαιρέστε από την άλμη, κυλήστε σε τρίμματα κράκερ ή το γεύμα και τηγανίστε σε καυτό λάδι.

49. Κεμπάπ σολομού και μπολέτο

Συστατικά:

- $\frac{1}{4}$ φλιτζάνι ελαιόλαδο
- $\frac{1}{4}$ φλιτζάνι μαϊντανός, ψιλοκομμένος
- $\frac{1}{4}$ φλιτζάνι φρέσκο θυμάρι, με μίσχο, ψιλοκομμένο
- 2 κουταλιές της σούπας χυμό λεμονιού
- 2 κουταλιές της σούπας μαύρο πιπέρι χοντροτριμμένο
- 1 κουταλάκι του γλυκού αλάτι
- $1\frac{1}{2}$ κιλό φιλέτα σολομού, κομμένα σε 24 κύβους
- 1 έως $1\frac{1}{2}$ κιλό μανιτάρια
- 8 ξύλινα σουβλάκια
- Σφήνες λεμονιού

Κατευθύνσεις:

m) Ανακατεύουμε το λάδι, τον μαϊντανό, το θυμάρι, το χυμό λεμονιού, το αλάτι και το πιπέρι σε ένα μεγάλο μπολ.

n) Προσθέτουμε τα κομμάτια σολομού, ανακατεύουμε καλά, σκεπάζουμε και βάζουμε στο ψυγείο για 1 ώρα.

o) Προθερμάνετε μια σχάρα.

p) Βγάζουμε το μείγμα από το ψυγείο, προσθέτουμε τα κομμάτια των μανιταριών και ανακατεύουμε να καλυφθούν τα μανιτάρια με τη μαρινάδα. Στραγγίζουμε σε τρυπητό.

q) Εναλλάξτε σολομό και μανιτάρια σε σουβλάκια για να φτιάξετε οκτώ κεμπάπ, το καθένα στρωμένο με τρία κομμάτια ψαριού και τρία κομμάτια μανιτάρια.

r) Στρώνουμε τα μουλιασμένα σουβλάκια σε λαδωμένη σχάρα και τα ψήνουμε για 4 λεπτά. Γυρίστε και μαγειρέψτε για 4 λεπτά περισσότερο ή μέχρι τα φιλέτα να είναι ελαφρώς απαλά στην αφή.

50. Ψητός άγριος σολομός βασιλιάς

Συστατικά:

- 1 αστακός, 1¾ κιλό
- ½ φλιτζάνι λιωμένο βούτυρο
- 2 κιλά φιλέτα σολομού
- ¼ φλιτζάνι ψιλοκομμένο κόκκινο κρεμμύδι
- 3 κουταλιές της σούπας λευκό ξύδι
- 2 κουταλιές της σούπας νερό
- ¼ φλιτζάνι κρέμα γάλακτος
- 2 κουταλιές της σούπας φρέσκο εστραγκόν ψιλοκομμένο
- 4 κουταλιές της σούπας (½ ραβδί) βούτυρο
- Αλάτι και φρεσκοτριμμένο μαύρο πιπέρι
- Φέτες λεμονιού και χυμός
- Σαλάτα πορτοκαλιού αίματος

Κατευθύνσεις:

a) Ρίξτε το βούτυρο και το χυμό λεμονιού στην κοιλότητα του αστακού.

b) Τοποθετήστε τον αστακό ανάσκελα στη σχάρα, πάνω από το ταψί καπνού. Κλείνουμε το καπάκι και καπνίζουμε για περίπου 25 λεπτά. Μεταφέρετε σε ξύλο κοπής και αφαιρέστε το κρέας από την ουρά και τα νύχια, κρατώντας το κοράλλι και όλους τους χυμούς στο ψυγείο.

c) Βάλτε τα κρεμμύδια, το ξύδι και το νερό να βράσουν σε μια μέτρια κατσαρόλα σε μέτρια προς δυνατή φωτιά. χαμηλώνουμε τη φωτιά και σιγοβράζουμε για 3 με 4 λεπτά ή μέχρι να μειωθεί περίπου στο μισό. Προσθέστε την κρέμα και το εστραγκόν. σιγοβράζουμε για 1 με 2 λεπτά ή μέχρι να μειωθεί στο μισό. Χτυπάμε τα κομμάτια του βουτύρου.

d) Ετοιμάζουμε τη σχάρα και στρώνουμε τον σολομό από την ζεστή πλευρά.

e) Προσθέστε τα κομμάτια και τους χυμούς του αστακού στην κατσαρόλα με το μπουρ μπλαν, ανακατέψτε και δυναμώστε τη φωτιά σε μέτρια δυνατή. Σιγοβράζουμε, σκεπασμένο, ανακατεύοντας πολλές φορές, για 3 με 4 λεπτά ή μέχρι να ζεσταθεί καλά το κρέας του αστακού.

51. Σιρόπι σφενδάμου Μπριζόλες σολομού

Συστατικά:

- $\frac{1}{4}$ φλιτζάνι καθαρό σιρόπι σφενδάμου
- $\frac{1}{4}$ φλιτζάνι mirin ή λευκό κρασί
- $\frac{1}{4}$ φλιτζάνι σάλτσα σόγιας με χαμηλή περιεκτικότητα σε νάτριο
- 2 κουταλιές της σούπας ελαιόλαδο
- Χυμό από $\frac{1}{2}$ λεμόνι
- ξύσμα από 1 λεμόνι (περίπου 1 κουταλιά της σούπας)
- 2 κουταλιές της σούπας σπασμένο μαύρο πιπέρι
- 2 κιλά σολομού, κομμένος σε μπριζόλες πάχους $\frac{3}{4}$ ίντσας

Κατευθύνσεις:

a) Ανακατέψτε το σιρόπι σφενδάμου, το mirin, τη σάλτσα σόγιας, το λάδι, το χυμό λεμονιού και τους κόκκους πιπεριού σε ένα μη διαβρωτικό δοχείο. Τοποθετούμε τις μπριζόλες στη μαρινάδα και τις βάζουμε στο ψυγείο για 30 λεπτά.

b) Προθερμάνετε μια σχάρα.

c) Βγάζουμε τις μπριζόλες σολομού από τη μαρινάδα, τις στραγγίζουμε, τις στεγνώνουμε και κρατάμε τη μαρινάδα. Τοποθετήστε τις μπριζόλες απευθείας πάνω στη φωτιά και μαγειρέψτε για 4 λεπτά. γυρίστε και μαγειρέψτε για άλλα 4 λεπτά ή μέχρι οι μπριζόλες να είναι ελαφρώς απαλές στην αφή. Ψήστε στο γκριλ μικρότερη ώρα για σπάνια, περισσότερο για καλοψημένα.

d) Εν τω μεταξύ, αφού γυρίσουμε τις μπριζόλες, ζεσταίνουμε τη μαρινάδα σε μια μικρή κατσαρόλα σε μέτρια προς δυνατή φωτιά μέχρι να πάρει μια βράση και στη συνέχεια σιγοβράζουμε για 5 λεπτά. Κλείνουμε αμέσως τη φωτιά.

e) Ρίξτε σάλτσα πάνω από τις μπριζόλες σολομού.

52. Σολομός και καλαμπόκι

Συστατικά:

- 1 κιλό φιλέτο σολομού
- 2 στάχια φρέσκο καλαμπόκι
- 2 κουταλιές της σούπας ελαιόλαδο
- 1 μέτριο κρεμμύδι ψιλοκομμένο
- 1 μέτρια χρυσή πατάτα Yukon, κομμένη σε κύβους
- 2 φλιτζάνια πλήρες γάλα
- 1 φλιτζάνι κρέμα ελαφριά
- 4 κουταλιές της σούπας ανάλατο βούτυρο
- $\frac{1}{2}$ κουταλάκι του γλυκού σάλτσα Worcestershire
- $\frac{1}{4}$ φλιτζάνι εστραγκόν ψιλοκομμένο
- 1 κουταλάκι του γλυκού πάπρικα
- Αλάτι και φρεσκοτριμμένο μαύρο πιπέρι
- Κρακεράκια με στρείδια

Κατευθύνσεις:

a) Προθερμάνετε μια σχάρα.

b) Στρώνουμε το σολομό και τα καλαμποκάλια σε λαδωμένη σχάρα. Μαγειρέψτε 6 λεπτά? στη συνέχεια γυρίστε και μαγειρέψτε 4 με 5 λεπτά περισσότερο. Αφήνω στην άκρη.

c) Με ένα κοφτερό μαχαίρι αφαιρούμε το καλαμπόκι από τα στάχυα και κόβουμε τον σολομό σε μπουκιές. Αφήνω στην άκρη.

d) Ζεσταίνουμε 1 κουταλιά της σούπας λάδι σε μια κατσαρόλα 4 λίτρων σε μέτρια προς δυνατή φωτιά. Προσθέτουμε το κρεμμύδι και την πατάτα. Μαγειρέψτε, σκεπασμένο, για περίπου 10 λεπτά ή μέχρι να μαλακώσουν τα κρεμμύδια. Προσθέστε το γάλα, την κρέμα γάλακτος, το βούτυρο και τη σάλτσα Worcestershire. Σιγοβράζουμε για περίπου 10 λεπτά ή μέχρι να μαλακώσουν οι πατάτες

e) Προσθέστε το καλαμπόκι, το σολομό, το εστραγκόν, την πάπρικα, αλάτι και πιπέρι και σιγοβράστε για 5 λεπτά.

f) Μεταφέρετε σε μπολ και σερβίρετε αμέσως με κράκερ oyster.

53. Σολομός με άνηθο

Σερβίρει 6

Συστατικά:

- 2 x 750 g (1 lb 10oz) φιλέτα σολομού
- 1 μεγάλο ματσάκι άνηθο, χοντροκομμένο
- 100 g (4oz) χοντρό θαλασσινό αλάτι
- 75 g (3 oz) ζάχαρη άχνη
- 2 κουταλιές της σούπας ψιλοκομμένους κόκκους λευκού πιπεριού

Σάλτσα χρένου και μουστάρδας

- 2 κουταλάκια του γλυκού ψιλοτριμμένο χρένο (φρέσκο ή από βάζο)
- 2 κουταλάκια του γλυκού ψιλοτριμμένο κρεμμύδι
- 1 κουταλάκι του γλυκού μουστάρδα Dijon
- 1 κουταλάκι του γλυκού ζάχαρη άχνη
- 2 κουταλιές της σούπας ξύδι από λευκό κρασί
- καλή πρέζα αλάτι
- 175 ml (6fl oz.) διπλή κρέμα

Κατευθύνσεις:

a) Βάλτε ένα από τα φιλέτα σολομού, με το δέρμα προς τα κάτω, σε ένα μεγάλο φύλλο μεμβράνης. Ανακατεύουμε τον άνηθο με το αλάτι, τη ζάχαρη και τους ψιλοκομμένους κόκκους πιπεριού και τον απλώνουμε στην κομμένη όψη του σολομού. Τοποθετήστε το άλλο φιλέτο από πάνω, με το δέρμα προς τα πάνω.

b) Τυλίξτε σφιχτά το ψάρι σε δύο ή τρεις στρώσεις μεμβράνης και ανασηκώστε το σε ένα μεγάλο, ρηχό δίσκο. Ακουμπήστε ένα ελαφρώς μικρότερο δίσκο ή σανίδα κοπής πάνω από το ψάρι και ζυγίστε το. Ψύξτε για 2 ημέρες, γυρίζοντας το ψάρι κάθε 12 ώρες, έτσι ώστε το αλμυρό μείγμα που θα αναπτυχθεί μέσα στο δέμα να λιώσει το ψάρι.

c) Για να φτιάξετε τη σάλτσα χρένου και μουστάρδας, ανακατεύετε όλα τα υλικά εκτός από την κρέμα. Χτυπάμε την κρέμα γάλακτος σε μαλακές κορυφές, ανακατεύουμε με το μείγμα του χρένου, σκεπάζουμε και κρυώνουμε.

d) Για να σερβίρετε, αφαιρέστε το ψάρι από το μείγμα με άρωμα και κόψτε το σε πολύ λεπτές φέτες, όπως θα καπνίζατε τον σολομό. Τοποθετήστε μερικές φέτες από το γκράβλαξ σε κάθε πιάτο και σερβίρετε με λίγη από τη σάλτσα.

54. Φρέσκος σολομός Ατλαντικού σοτέ

Απόδοση: 1 μερίδα

Συστατικό
- 3 φιλέτα σολομού
- 1 κουταλιά της σούπας Βούτυρο
- $\frac{1}{4}$ κουταλάκι του γλυκού αλάτι σεφ
- $\frac{1}{2}$ φλιτζάνι αλεύρι καρυκευμένο
- 1 κουταλιά της σούπας ντομάτα κομμένη σε κύβους
- 1 κουταλιά της σούπας φρέσκο κρεμμύδι σε κυβάκια
- 1 κουταλιά της σούπας μανιτάρι κομμένο σε φέτες
- 2 κουταλιές της σούπας λευκό κρασί μαγειρέματος
- $\frac{1}{2}$ χυμό από μικρό λεμόνι
- 2 κουταλιές της σούπας μαλακό βούτυρο

Κατευθύνσεις:
a) Κόβουμε το σολομό σε λεπτές φέτες. Αλατοπιπερώνετε τον σολομό με αλάτι σεφ και αλευρώνετε.

b) Σοτάρουμε με βούτυρο γρήγορα από κάθε πλευρά και αφαιρούμε. Προσθέστε μανιτάρια κομμένα σε φέτες, ντομάτα, φρέσκο κρεμμύδι, χυμό λεμονιού και λευκό κρασί.

c) Χαμηλώστε τη φωτιά για περίπου 30 δευτερόλεπτα. Ρίξτε το βούτυρο και σερβίρετε τη σάλτσα πάνω από τον σολομό.

55. Σολομός στη σχάρα με πανσέτα

Απόδοση: 4 Μερίδες

Συστατικό

- 1 κιλό φρέσκα μανιτάρια Morel
- 2 ασκαλώνια? Κιμάς
- 1 σκελίδα σκόρδο? Κιμάς
- 10 κουταλιές της σούπας βούτυρο; Κόβω σε κομμάτια
- 1 φλιτζάνι Dry Sherry ή Madeira
- 4 τεμάχια φιλέτα σολομού
- Ελαιόλαδο
- Αλάτι και φρεσκοτριμμένο πιπέρι
- 16 Πράσινα κρεμμυδάκια
- 4 κουταλιές της σούπας πανσέτα? Κύβους και κομμένα

Κατευθύνσεις:

a) Σοτάρετε τα ασκαλώνια και το σκόρδο σε 2 κουταλιές της σούπας βούτυρο σε χαμηλή φωτιά μέχρι να μαλακώσουν. Προσθέτουμε μόρπες, δυναμώνουμε τη φωτιά και μαγειρεύουμε για 1 λεπτό. Προσθέστε σέρι και μειώστε στο μισό.

b) Χτυπάμε το υπόλοιπο βούτυρο, δουλεύοντας και σβήνοντας τη φωτιά, μέχρι να γαλακτωματοποιηθεί.

c) Ζεσταίνουμε μια σχάρα ή μια σχάρα με ραβδώσεις. Αλείφουμε τα φιλέτα σολομού με λάδι και αλατοπιπερώνουμε. Μεταφέρετε τον σολομό σε ένα μεγάλο τηγάνι και ψήνετε στο φούρνο για 5 με 10 λεπτά.

d) Ζεσταίνουμε ένα μεσαίου μεγέθους, βαρύ τηγάνι σε δυνατή φωτιά. Προσθέστε μερικές κουταλιές της σούπας ελαιόλαδο. Προσθέστε τα πράσινα κρεμμυδάκια και την πανσέτα. Μαγειρέψτε για λίγο, κουνώντας το τηγάνι για να μην τηγανιστεί. Προσθέτουμε το μείγμα μορέλας και ανακατεύουμε. Αλατοπιπερώστε ελαφρά.

e) Τοποθετήστε ένα φιλέτο σολομού στο κέντρο ενός ζεστού πιάτου. Ρίχνουμε ένα κουτάλι μείγμα μορέλ από πάνω και γύρω από τα πλαϊνά.

56. Πικάντικος ζωμός καρύδας με σολομό

Συστατικό

- 1150 γρ. κομμάτι σολομού ανά άτομο? (150 έως 180)
- 1 φλιτζάνι ρύζι γιασεμί
- $\frac{1}{4}$ φλιτζάνι λοβοί πράσινου κάρδαμου
- 1 κουταλάκι του γλυκού Γαρύφαλλο
- 1 κουταλάκι του γλυκού κόκκοι λευκού πιπεριού
- 2 ξυλάκια κανέλας
- 4 αστεροειδής γλυκάνισος
- 2 κουταλιές της σούπας Λάδι
- 3 κρεμμύδια? ψιλοκομμένο
- $\frac{1}{2}$ κουταλάκι του γλυκού κουρκουμά
- 1 λίτρο γάλα καρύδας
- 500 χιλιοστόλιτρα κρέμα καρύδας
- 6 μεγάλες ώριμες ντομάτες
- 1 κουταλιά της σούπας καστανή ζάχαρη
- 20 χιλιοστόλιτρα σάλτσα ψαριού
- Αλάτι για γεύση
- 2 κουταλιές της σούπας Garam masala

Κατευθύνσεις:

a) Garam Masala: Στεγνά ψήνετε τα μπαχαρικά χωριστά σε ένα τηγάνι. Συνδυάστε όλα τα μπαχαρικά σε ένα μύλο καφέ ή γουδί και γουδοχέρι και αλέστε.

b) Πικάντικος ζωμός καρύδας: Ζεσταίνουμε το λάδι σε ένα μεγάλο τηγάνι και σοτάρουμε τα κρεμμύδια μέχρι να γίνουν διάφανα. Προσθέστε τον κουρκουμά και το τζίντζερ και μαγειρέψτε σε χαμηλή φωτιά για περίπου 20 λεπτά και μετά προσθέστε τα υπόλοιπα υλικά. Αφήνουμε να πάρει βράση.

c) Όσο ψήνεται ο ζωμός, μαγειρέψτε τον σολομό και το ρύζι γιασεμί. Ο σολομός μπορεί να γίνει ποσέ σε ζωμό ψαριού, ψητό στα κάρβουνα ή τηγανητό.

57. Columbia River Chinook

Συστατικά:

- 1 φλιτζάνι φρέσκα κεράσια, πλυμένα και χωρίς κουκούτσι
- $\frac{1}{2}$ φλιτζάνι ζωμός ψαριού ή κοτόπουλου
- $\frac{1}{4}$ φλιτζάνι φρέσκο θυμάρι, με μίσχο
- 2 κουταλιές της σούπας κονιάκ
- 1 κουταλάκι του γλυκού φρέσκο χυμό λεμονιού
- 2 κουταλιές της σούπας καστανή ζάχαρη
- 1 $\frac{1}{2}$ κουταλάκι του γλυκού ξύδι βαλσάμικο
- 1$\frac{1}{2}$–2 κιλά φιλέτα σολομού
- Σφήνες λεμονιού

Κατευθύνσεις:

a) Προθερμάνετε μια σχάρα.

b) Χτυπάμε τα κεράσια τρεις-τέσσερις φορές στο μπολ του πολυμίξερ, μέχρι να χοντροκοπηθούν.

c) Σιγοβράζουμε τον ζωμό, το θυμάρι, το κονιάκ και το χυμό λεμονιού σε μια κατσαρόλα σε μέτρια φωτιά για 10 με 12 λεπτά ή μέχρι να μειωθούν στο μισό.

d) Προσθέστε την καστανή ζάχαρη και το ξύδι, ανακατέψτε και σιγοβράστε για 2 με 3 λεπτά, μέχρι να ζεσταθεί καλά. Αποσύρουμε από τη φωτιά αλλά διατηρούμε ζεστό.

e) Τοποθετήστε τα φιλέτα σολομού σε λαδωμένη σχάρα και ψήστε για 4 με 5 λεπτά. γυρίστε και μαγειρέψτε 4 με 5 λεπτά περισσότερο, μέχρι τα φιλέτα να είναι ελαφρώς απαλά στην αφή.

f) Χωρίστε στα τέσσερα Σερβίρετε. Ρίξτε ζεστή σάλτσα στο κέντρο τεσσάρων πιάτων, δημιουργώντας πισίνες. Στρώνουμε τον σολομό απευθείας πάνω από τη σάλτσα.

58. Σολομός και λαχανικά ψητό στο φούρνο

Μερίδες: 4 μερίδες

Συστατικά:
- 4 φιλέτα σολομού
- 2 μεγάλες ντομάτες, κομμένες στα τέσσερα
- 2 μεγάλα κρεμμύδια, κατά προτίμηση κόκκινη ποικιλία και κομμένα στα τέσσερα
- 1 μεγάλο βολβό σκόρδου, κομμένο στη μέση
- 2 μεγάλες πιπεριές, κόκκινες και πράσινες ποικιλίες και κομμένες σε λωρίδες
- 1 φλιτζάνι κολοκυθάκια, κομμένα σε φέτες πάχους μισής ίντσας
- 1 φλιτζάνι μπουκίτσες μπρόκολου
- 3 κουταλιές της σούπας εξαιρετικό παρθένο ελαιόλαδο
- 1 κουταλιά της σούπας ανάλατο βούτυρο
- 1 κουταλάκι του γλυκού αποξηραμένος άνηθος
- Αλάτι και πιπέρι για να γευτείς
- Φύλλα φρέσκου βασιλικού, ψιλοκομμένα

Κατευθύνσεις:
a) Προθερμάνετε το φούρνο στους 375 F ενώ ετοιμάζετε τα ψιλοκομμένα λαχανικά.

b) Βάλτε όλα τα λαχανικά σε ένα μεγάλο ταψί και ρίξτε λίγο ελαιόλαδο. Αλατοπιπερώνουμε και φροντίζουμε τα ψιλοκομμένα λαχανικά να είναι ομοιόμορφα καλυμμένα με ελαιόλαδο. Απλώστε τα λαχανικά στα πλαϊνά του ταψιού.

c) Τοποθετούμε στη μέση τα καρυκευμένα φιλέτα σολομού. Ρίξτε το μαλακωμένο βούτυρο από πάνω.

d) Μαγειρέψτε για 18-20 λεπτά ή μέχρι να ξεφλουδιστεί εύκολα ο σολομός και τα λαχανικά να μαλακώσουν στο πιρούνι.

e) Ρίξτε μέσα φρεσκοκομμένο βασιλικό πριν το σερβίρετε.

59. Γλασέ σολομός με σόγια και μέλι

Μερίδες: 6 μερίδες

Συστατικά:

- 6 φιλέτα φρέσκου σολομού, πάχους 1 ίντσας
- 4 κουταλιές της σούπας καβουρδισμένο σησαμέλαιο
- 3 μεγάλες πιπεριές, ξεσποριασμένες και κομμένες σε λεπτές λωρίδες
- 2 μεσαίου μεγέθους κόκκινα κρεμμύδια, κομμένα στα τέσσερα
- 4 κουταλιές της σούπας ελαφριά σάλτσα σόγιας
- 1 κουταλιά της σούπας τζίντζερ, ξεφλουδισμένο και τριμμένο
- 3 κουταλιές της σούπας αγνό μέλι
- Αλάτι και πιπέρι για να γευτείς
- Φρέσκο κρεμμυδάκι για γαρνίρισμα

Κατευθύνσεις:

a) Τοποθετήστε τον σολομό σε ένα μεγάλο ταψί, αφήνοντας προσεκτικά απόσταση 1 ίντσας ανάμεσα στα φιλέτα. Προσθέστε τις πιπεριές σε φέτες - πράσινες, κόκκινες και κίτρινες για πιο γευστικό αποτέλεσμα - και τα κρεμμύδια στο τηγάνι. Περιχύστε το μισό σησαμέλαιο πάνω από τα ψάρια. Πασπαλίζουμε με αλάτι και πιπέρι κατά βούληση.

b) Σε ένα μέτριο μπολ, προσθέστε τη σάλτσα σόγιας, το μέλι, το τριμμένο τζίντζερ, το φρεσκοτριμμένο πιπέρι και το υπόλοιπο σησαμέλαιο.

c) Ανακατεύουμε καλά τη σάλτσα.

d) Περιχύνουμε με τη σάλτσα το ψάρι. Ψήνετε τον σολομό στους 420F για 25 λεπτά.

e) Σερβίρουμε αμέσως και γαρνίρουμε με φρέσκα κρεμμυδάκια. Τρώγεται καλύτερα με φρεσκοβρασμένο στον ατμό λευκό ρύζι.

60. Πικάντικη σούπα σολομού και νουντλς

Μερίδες: 4 μερίδες

Συστατικά:
- 4 φιλέτα σολομού, πάχους 1 ίντσας
- 2 φλιτζάνια γάλα καρύδας
- 3 φλιτζάνια ζωμός λαχανικών, σπιτική ή στιγμιαία ποικιλία
- 200 γραμμάρια νουντλς ασιατικού τύπου ή νουντλς ρυζιού
- 5 κουταλιές της σούπας σκόρδο, ψιλοκομμένο
- 2 μεγάλα λευκά κρεμμύδια, κομμένα σε φέτες
- 2 μεγάλες κόκκινες πιπεριές τσίλι, ψιλοκομμένες και ξεσποριασμένες
- 1 πόμολο φρέσκου τζίντζερ 1 ίντσας, κομμένο σε λεπτές φέτες
- 3 κουταλιές της σούπας πάστα κόκκινο κάρυ
- 1 κουταλιά της σούπας φυτικό λάδι
- ½ φλιτζάνι φρέσκο κρεμμυδάκι, ψιλοκομμένο
- Μια χούφτα κόλιανδρο, ψιλοκομμένο
- Αλάτι και πιπέρι για να γευτείς

Κατευθύνσεις:
a) Σε μια μεγάλη κατσαρόλα ζεσταίνουμε το φυτικό λάδι σε χαμηλή προς μέτρια φωτιά. Προσθέστε το ψιλοκομμένο σκόρδο, τα λευκά κρεμμύδια, τις πιπεριές τσίλι, το τζίντζερ και την πάστα κόκκινου κάρυ για λίγα λεπτά μέχρι όλο το μείγμα να μυρίσει.

b) Ρίξτε γάλα καρύδας και ζωμό λαχανικών στο σοταρισμένο μείγμα. Αφήνουμε τον ζωμό να σιγοβράσει για 5-8 λεπτά.

c) Προσθέστε τον σολομό και τα noodles στην κατσαρόλα και μαγειρέψτε για 5-8 λεπτά. Ελέγξτε το χρόνο μαγειρέματος των noodles με βάση τις οδηγίες της συσκευασίας και προσαρμόστε ανάλογα. Βεβαιωθείτε ότι ο σολομός δεν θα είναι πολύ ψημένος.

d) Προσθέστε το φρέσκο κρεμμυδάκι και τα φύλλα κόλιανδρου στην κατσαρόλα και σβήστε τη φωτιά. Αλατοπιπερώνουμε.

e) Μεταφέρετε αμέσως σε ατομικά μπολ και γαρνίρετε με περισσότερο κόλιανδρο ή/και φρέσκο κρεμμυδάκι.

61. Σολομός ποσέ με σάλσα πράσινου βοτάνου

Μερίδες: 4 μερίδες

Συστατικά:

- 3 φλιτζάνια νερό
- 4 φακελάκια πράσινου τσαγιού
- 2 μεγάλα φιλέτα σολομού (περίπου 350 γραμμάρια το καθένα)
- 4 κουταλιές της σούπας έξτρα παρθένο ελαιόλαδο
- 3 κουταλιές της σούπας χυμό λεμονιού, φρεσκοστυμμένο
- 2 κουταλιές της σούπας μαϊντανό, φρεσκοκομμένο
- 2 κουταλιές της σούπας βασιλικός, φρεσκοκομμένος
- 2 κουταλιές της σούπας ρίγανη, φρεσκοκομμένη
- 2 κουταλιές της σούπας ασιατικό σχοινόπρασο, φρεσκοκομμένο
- 2 κουταλάκια του γλυκού φύλλα θυμάρι
- 2 κουταλάκια του γλυκού σκόρδο, ψιλοκομμένο

Κατευθύνσεις:

a) Βάζουμε το νερό να βράσει σε μια μεγάλη κατσαρόλα. Προσθέστε τα φακελάκια πράσινου τσαγιού και μετά αποσύρετε από τη φωτιά.

b) Αφήστε τα φακελάκια τσαγιού να βράσουν για 3 λεπτά. Βγάλτε τα φακελάκια του τσαγιού από την κατσαρόλα και βάλτε το νερό που έχει εμποτιστεί με τσάι να βράσει. Προσθέτουμε τον σολομό και χαμηλώνουμε τη φωτιά.

c) Ψήνουμε τα φιλέτα σολομού μέχρι να γίνουν αδιαφανή στη μεσαία μερίδα. Μαγειρέψτε τον σολομό για 5-8 λεπτά ή μέχρι να ψηθεί πλήρως.

d) Βγάζουμε τον σολομό από την κατσαρόλα και τον αφήνουμε στην άκρη.

e) Σε ένα μπλέντερ ή επεξεργαστή τροφίμων, ρίχνουμε όλα τα φρεσκοκομμένα μυρωδικά, το ελαιόλαδο και το χυμό λεμονιού. Ανακατεύουμε καλά μέχρι το μείγμα να γίνει μια λεία πάστα. Αλατοπιπερώνουμε την πάστα. Μπορείτε να προσαρμόσετε τα καρυκεύματα όταν είναι απαραίτητο.

f) Σερβίρετε τον σολομό ποσέ σε μια μεγάλη πιατέλα και από πάνω τη φρέσκια πάστα βοτάνων.

62. Σολομός γλασέ με μουστάρδα μελιού

Μερίδες: 4 μερίδες

Συστατικά:

- 4 φιλέτα σολομού, πάχους 1 ίντσας
- 5 κουταλιές της σούπας μουστάρδα Dijon
- 5 κουταλιές της σούπας αγνό μέλι
- 2 κουταλιές της σούπας ελαφριά σάλτσα σόγιας
- 2 κουταλιές της σούπας βούτυρο, ανάλατη ποικιλία
- 2 κουταλιές της σούπας σκόρδο, ψιλοκομμένο
- Αλάτι και πιπέρι για να γευτείς
- Λάδι Canola
- Φρεσκοκομμένα φύλλα θυμαριού

Κατευθύνσεις:

a) Αλατοπιπερώνουμε τα φιλέτα σολομού. Αλείψτε ή ψεκάστε το ταψί με λάδι κανόλας και μετά τοποθετήστε τον σολομό με την πλευρά του δέρματος προς τα κάτω.

b) Σε ένα μεσαίο μπολ, χτυπήστε ελαφρά τη μουστάρδα Dijon, το αγνό μέλι και τη σάλτσα σόγιας μαζί. Ρίχνετε το ψιλοκομμένο σκόρδο και ανακατεύετε καλά.

c) Απλώνουμε το μείγμα γενναιόδωρα και στις δύο πλευρές των φιλετών σολομού χρησιμοποιώντας ένα πινέλο ζαχαροπλαστικής.

d) Πασπαλίζουμε τον σολομό με φύλλα θυμαριού.

e) Μαγειρέψτε τον σολομό στους 450 F για 20 λεπτά. Ρίξτε το υπόλοιπο μείγμα μουστάρδας μελιού αν χρειάζεται. Ψήστε το σολομό μέχρι να γίνει το επιθυμητό.

f) Μεταφέρετε αμέσως σε πιατέλα σερβιρίσματος και από πάνω προσθέστε μερικά φύλλα θυμαριού.

63. Σολομός χρένο

Μερίδες: 4 μερίδες

Συστατικά:

Φιλέτο σολομού

- 8 φιλέτα σολομού, πάχους 1 ίντσας
- 3 κουταλιές της σούπας σάλτσα χρένου
- 3 κουταλιές της σούπας ελαφριά σάλτσα σόγιας
- 3 κουταλιές της σούπας ελαιόλαδο, έξτρα παρθένο ποικιλία
- 2 κουταλιές της σούπας σκόρδο, ψιλοκομμένο
- Αλάτι και πιπέρι για να γευτείς

Σάλτσα χρένου

- 1 κουταλιά της σούπας ελαφριά σάλτσα σόγιας
- 2 κουταλιές της σούπας χυμό λεμονιού, φρεσκοστυμμένο
- 3 κουταλιές της σούπας σάλτσα χρένου
- 1 φλιτζάνι κρέμα γάλακτος
- 2 κουταλιές της σούπας μαγιονέζα, ποικιλία μειωμένων
λιπαρών

Κατευθύνσεις:

a) Σε ένα μεσαίο μπολ ρίχνουμε όλα τα υλικά και ανακατεύουμε καλά. Σκεπάζουμε με πλαστική μεμβράνη και αφήνουμε να κρυώσει στο ψυγείο για τουλάχιστον μία ώρα.

b) Σε ένα ξεχωριστό μπολ, χτυπήστε ελαφρά τη σάλτσα χρένου, το ελαιόλαδο, τη σάλτσα σόγιας και το σκόρδο. Αλατοπιπερώνουμε και προσαρμόζουμε τα καρυκεύματα, αν χρειάζεται.

c) Τοποθετήστε τα φιλέτα σολομού σε ένα μεγάλο ταψί ή σε μια σχάρα γκριλ. Λαδώνουμε το ταψί ή τη σχάρα γκριλ. Αλείψτε το έτοιμο μείγμα και στις δύο πλευρές των φιλέτα σολομού.

d) Ψήστε τον σολομό για τουλάχιστον 20 λεπτά. Εάν χρησιμοποιείτε τη σχάρα, αφήστε τον σολομό να ψηθεί για 5 λεπτά ανά πλευρά.

e) Σερβίρετε τα φιλέτα ψαριού αμέσως με λευκό ρύζι. Για μια πιο υγιεινή επιλογή, μπορείτε να σερβίρετε καστανό ρύζι μαζί με τον σολομό. Σερβίρουμε με παγωμένη σάλτσα χρένου στο πλάι.

64. Ζεστή σαλάτα σολομού και πατάτας

Μερίδες: 3-4 μερίδες

Συνολικός χρόνος προετοιμασίας: 30 λεπτά

Συστατικά:
- 3 φιλέτα σολομού, πάχους 1 ίντσας και χωρίς δέρμα
- 4 μεγάλες πατάτες, κομμένες σε μπουκιές
- Μια χούφτα φύλλα ρόκας και σπανάκι
- $\frac{3}{4}$ φλιτζάνι κρέμα γάλακτος
- 2 κουταλιές της σούπας χυμό λεμονιού
- 2 κουταλιές της σούπας αγνό μέλι
- 2 κουταλάκια του γλυκού μουστάρδα Dijon
- 1 κουταλάκι του γλυκού σκόρδο, ψιλοκομμένο
- Αλάτι και πιπέρι για να γευτείς
- Φύλλα κόλιανδρου για γαρνίρισμα

Κατευθύνσεις:
a) Αλατοπιπερώνουμε ελαφρά τον σολομό. Τυλίγουμε σε αλουμινόχαρτο και βάζουμε σε ταψί. Μαγειρέψτε για 15-20 λεπτά στους 420 F ή μέχρι να ψηθεί πλήρως.

b) Σε μια μεσαίου μεγέθους κατσαρόλα βράζουμε τις ψιλοκομμένες πατάτες μέχρι να μαλακώσουν. Στραγγίζουμε αμέσως και αφήνουμε στην άκρη.

c) Σε μια μεγάλη σαλατιέρα, συνδυάστε την κρέμα γάλακτος, το χυμό λεμονιού, το μέλι, τη μουστάρδα και το σκόρδο. Ανακατεύουμε καλά όλα τα υλικά. Πρόσθεσε ΑΛΑΤΙ και πιπερι για ΓΕΥΣΗ.

d) Κόψτε τα φύλλα σαλάτας με το χέρι και ρίξτε τα στο μπολ. Προσθέστε τις μαγειρεμένες πατάτες.

e) Ξεφλουδίστε τον μαγειρεμένο σολομό σε κομμάτια μεγέθους μπουκιάς και ρίξτε τα στη σαλατιέρα. Ανακατεύουμε καλά τα υλικά.

f) Πασπαλίστε λίγο φρεσκοκομμένο κόλιαντρο πριν το σερβίρετε.

65. Σολομός μιας κατσαρόλας με ρύζι και μπιζέλια

Μερίδες: 4 μερίδες

Συστατικά:
- 1 φλιτζάνι λευκό ρύζι, ποικιλίας μακριού κόκκου
- 2 φλιτζάνια νερό
- Σολομός 1 κιλό, αφαιρείται η φλούδα και κόβεται σε 4 κομμάτια
- ½ φλιτζάνι μπιζέλια ζάχαρης
- 6 κουταλιές της σούπας ελαφριά σάλτσα σόγιας
- 2 κουταλιές της σούπας ξύδι ρυζιού
- 1 πόμο φρέσκου τζίντζερ 1 ίντσας, τριμμένο
- 1 κουταλιά της σούπας μαύρη ζάχαρη
- Αλάτι και πιπέρι για να γευτείς
- ½ φλιτζάνι φρέσκα φρέσκα κρεμμυδάκια ψιλοκομμένα

Κατευθύνσεις:
a) Πλένουμε το ρύζι σύμφωνα με τις οδηγίες της συσκευασίας. Σε ένα τηγάνι μεσαίου μεγέθους, ανακατεύουμε το ρύζι και το νερό και στρώνουμε το καπάκι. Αφήνουμε το μείγμα να βράσει σε χαμηλή προς μέτρια φωτιά για 10 λεπτά.
b) Αλατοπιπερώνουμε τον σολομό. Στη συνέχεια, προσθέστε αμέσως πάνω από το ρύζι.
c) Μαγειρέψτε τον σολομό μέχρι το ρύζι να απορροφήσει όλο το νερό.
d) Προσθέστε τον αρακά και σκεπάστε το τηγάνι για άλλα 5 λεπτά. Ελέγξτε αν τα μπιζέλια είναι ήδη τρυφερά και ο σολομός έχει φτάσει στο επιθυμητό ψήσιμο.
e) Σε ένα μικρό μπολ ανακατεύουμε τη σάλτσα σόγιας, το ξύδι, τα φρέσκα κρεμμυδάκια, το τζίντζερ και τη ζάχαρη. Προσαρμόστε τα καρυκεύματα όταν χρειάζεται.
f) Μεταφέρετε τον σολομό, το ρύζι και τον αρακά σε ένα πιάτο και σερβίρετε μαζί με τη σάλτσα. Πασπαλίστε μερικά φρέσκα φρέσκα κρεμμυδάκια πάνω από το σολομό και το ρύζι.

66. Σολομός ψητός σκόρδου με ντομάτες και κρεμμύδια

Μερίδες: 6 μερίδες

Συστατικά:
- 6 φιλέτα σολομού, χωρίς πέτσα
- 4 μεγάλες ντομάτες, κομμένες στη μέση
- 3 μεσαίου μεγέθους κόκκινα κρεμμύδια, κομμένα στα τέσσερα
- 2 κουταλιές της σούπας εξαιρετικό παρθένο ελαιόλαδο
- 1 κουταλάκι του γλυκού πάπρικα σε σκόνη
- 1 μεγάλο βολβό σκόρδου, ψιλοκομμένο
- 10 φρέσκα ελατήρια θυμαριού
- 1 κουταλιά της σούπας ανάλατο βούτυρο
- Αλάτι και πιπέρι για να γευτείς

Κατευθύνσεις:
a)   Τρίψτε το ανάλατο βούτυρο σε ένα μεγάλο ταψί και βεβαιωθείτε ότι το πιάτο είναι ομοιόμορφα επικαλυμμένο.
b)   Τοποθετούμε τα φιλέτα σολομού, τις ντομάτες και τα κρεμμύδια στο ταψί.
c)   Περιχύστε με έξτρα παρθένο ελαιόλαδο και προσθέστε λίγο αλάτι και πιπέρι. Ρίξτε λίγη πάπρικα σε σκόνη και στις δύο πλευρές του σολομού.
d)   Προσθέστε ψιλοκομμένο σκόρδο και φρέσκο θυμάρι στον σολομό.
e)   Μαγειρέψτε τον σολομό για 10-12 λεπτά στους 420 F. Για να ελέγξετε αν ο σολομός έχει ψηθεί, τρυπήστε τον με ένα πιρούνι και δείτε αν οι νιφάδες σπάνε εύκολα.
f)   Μεταφέρετε αμέσως τον σολομό και τα λαχανικά σε μια πιατέλα. Ρίξτε μερικά φύλλα θυμαριού για πρόσθετη φρεσκάδα.

67. Σολομός φούρνου με σάλτσα μαύρου φασολιού

Μερίδες: 4 μερίδες

Συστατικά:
- Αφαιρέθηκαν 4 φιλέτα σολομού, το δέρμα και τα κόκαλα από καρφίτσα
- 3 κουταλιές της σούπας σάλτσα μαύρου φασολιού ή σάλτσα μαύρου σκόρδου
- $\frac{1}{2}$ φλιτζάνι ζωμός κοτόπουλου (ή ζωμός λαχανικών ως πιο υγιεινό υποκατάστατο)
- 3 κουταλιές της σούπας σκόρδο, ψιλοκομμένο
- 1 πόμο φρέσκου τζίντζερ 1 ίντσας, τριμμένο
- 2 κουταλιές της σούπας σέρι ή σάκε (ή οποιοδήποτε κρασί μαγειρέματος)
- 1 κουταλιά της σούπας χυμό λεμονιού, φρεσκοστυμμένο
- 1 κουταλιά της σούπας σάλτσα ψαριού
- 2 κουταλιές της σούπας καστανή ζάχαρη
- $\frac{1}{2}$ κουταλάκι του γλυκού νιφάδες κόκκινου τσίλι
- Φύλλα φρέσκου κόλιανδρου, ψιλοκομμένα
- Φρέσκο κρεμμυδάκι ως γαρνιτούρα

Κατευθύνσεις:
a) Λαδώνουμε ένα μεγάλο ταψί ή το στρώνουμε με λαδόκολλα. Προθερμάνετε το φούρνο στους 350 F.
b) Συνδυάστε το ζωμό κοτόπουλου και τη σάλτσα μαύρων φασολιών σε ένα μέτριο μπολ. Προσθέστε ψιλοκομμένο σκόρδο, τριμμένο τζίντζερ, σέρι, χυμό λεμονιού, σάλτσα ψαριού, καστανή ζάχαρη και νιφάδες τσίλι. Ανακατεύουμε καλά μέχρι να διαλυθεί τελείως η καστανή ζάχαρη.
c) Ρίξτε τη σάλτσα μαύρου φασολιού πάνω από τα φιλέτα σολομού και αφήστε τον σολομό να απορροφήσει πλήρως το μείγμα των μαύρων φασολιών για τουλάχιστον 15 λεπτά.
d) Μεταφέρετε τον σολομό στο ταψί. Μαγειρέψτε για 15-20 λεπτά. Φροντίστε ο σολομός να μην στεγνώσει πολύ στο φούρνο.
e) Σερβίρουμε με ψιλοκομμένο κόλιανδρο και φρέσκο κρεμμυδάκι.

68. Κέικ ψαριού σολομού με ρύζι λαχανικών

Μερίδες: 4 μερίδες

Συνολικός χρόνος προετοιμασίας: 30 λεπτά

Συστατικά:

Κέικ σολομού
- 2 κουτάκια ροζ σολομού, στραγγισμένα
- 1 μεγάλο αυγό
- ½ φλιτζάνι ψίχα ψωμιού panko
- ½ κουταλιές της σούπας άμυλο καλαμποκιού
- 2 κουταλιές της σούπας κάπαρη, στραγγισμένη
- 3 κουταλιές της σούπας φρέσκα κρεμμυδάκια ή μαϊντανό, ψιλοκομμένα
- Αλάτι και πιπέρι για να γευτείς
- Φυτικό λάδι για τηγάνισμα

Φυτικό ρύζι
- 1 φλιτζάνι καστανό ρύζι, άψητο
- ½ φλιτζάνι αρακά
- ¼ φλιτζανιού καρότα τριμμένα
- ¼ φλιτζάνι γλυκό καλαμπόκι
- 3 κουταλιές της σούπας φρέσκα κρεμμυδάκια
- 2 κουταλιές της σούπας χυμό λεμονιού, φρεσκοστυμμένο

Κατευθύνσεις:
a) Συνδυάστε όλα τα υλικά για τα κέικ σολομού στο μπλέντερ ή στον επεξεργαστή τροφίμων. Ανακατεύουμε καλά μέχρι να γίνει μια χοντρή πάστα.

b) Αφήνουμε το μείγμα να κρυώσει στο ψυγείο για 20 λεπτά.

c) Όταν το μείγμα είναι ελαφρώς σφιχτό, βάλτε 1 κουταλιά της σούπας στα χέρια σας και πλάθετε σε ένα μπιφτέκι. Επαναλάβετε αυτή τη διαδικασία μέχρι να πλάθουν και να σχηματιστούν όλα τα μπιφτέκια σολομού.

d) Σε ένα μεγάλο τηγάνι, ζεσταίνουμε λίγο φυτικό λάδι και τηγανίζουμε τα μπιφτέκια σολομού μέχρι να ροδίσουν.

e) Όσο το μείγμα του μπουρεκιού είναι μέσα στο ψυγείο, μαγειρέψτε το καστανό ρύζι σύμφωνα με τις οδηγίες της συσκευασίας. Προσθέστε τον αρακά, τα καρότα και το καλαμπόκι στη ρυζομαγειρική όταν απορροφηθεί όλο το νερό. Ανακατεύουμε το ρύζι εντελώς με τα λαχανικά και αφήνουμε τον υπόλοιπο ατμό να ψηθούν τα λαχανικά. Προσθέστε μέσα το φρεσκοστυμμένο χυμό λεμονιού.

f) Ρίξτε μερικά φρέσκα φρέσκα κρεμμυδάκια πάνω στο φυτικό ρύζι πριν το σερβίρετε. Σερβίρουμε με τραγανά κέικ σολομού στο πλάι.

69. Σολομός τζίντζερ σόγιας

Μερίδες: 4 μερίδες

Συστατικά:

- Αφαιρέθηκαν 4 φιλέτα σολομού, το δέρμα και τα κόκαλα
- 4 κουταλιές της σούπας φρέσκο τζίντζερ, τριμμένο
- 2 κουταλιές της σούπας σκόρδο, ψιλοκομμένο
- 1 κουταλιά της σούπας μαύρη ζάχαρη
- 2 κουταλιές της σούπας αγνό μέλι
- 1 κουταλάκι του γλυκού μουστάρδα Dijon
- $\frac{1}{2}$ φλιτζάνι φρέσκο χυμό πορτοκαλιού
- 3 κουταλιές της σούπας ελαφριά σάλτσα σόγιας
- Ξύσμα πορτοκαλιού ψιλοτριμμένο
- Αλάτι και πιπέρι για να γευτείς
- 1 κουταλιά της σούπας εξαιρετικό παρθένο ελαιόλαδο

Κατευθύνσεις:

a) Σε ένα μπολ μεσαίου προς μεγάλου μεγέθους, χτυπήστε το χυμό πορτοκαλιού, το μέλι, τη σάλτσα σόγιας, το ξύσμα πορτοκαλιού, τη μουστάρδα, τη ζάχαρη, το σκόρδο και το τζίντζερ μέχρι να ενωθούν καλά. Προσθέστε το φρεσκοτριμμένο ξύσμα πορτοκαλιού. Ρίξτε το μισό από αυτό το μείγμα πάνω από το σολομό.

b) Προθερμάνετε το φούρνο στους 350 F. Αλατοπιπερώνουμε τον σολομό με φρεσκοτριμμένο πιπέρι και αλάτι και μετά αλείφουμε ομοιόμορφα με ελαιόλαδο.

c) Τοποθετούμε τον σολομό στο ταψί και ψήνουμε για 15-20 λεπτά.

d) Σε μια μικρή προς μεσαία κατσαρόλα ρίχνουμε το άλλο μισό μείγμα και αφήνουμε να σιγοβράσει. Στη συνέχεια ανακατεύετε συνεχώς το μείγμα για 5 λεπτά ή μέχρι να δέσει η σάλτσα.

e) Περιχύστε τη σάλτσα πάνω από τον σολομό. Γαρνίρουμε με φρεσκοκομμένο κόλιαντρο ή φρέσκο κρεμμυδάκι.

70. Σολομός με σάλτσα καρύδας τσίλι

Μερίδες: 6 μερίδες

Συστατικά:

- 6 φιλέτα σολομού
- 2 κουταλιές της σούπας ανάλατο βούτυρο
- 1 κουταλιά της σούπας εξαιρετικό παρθένο ελαιόλαδο
- 4 σκελίδες σκόρδο, ψιλοκομμένες
- 4 κουταλιές της σούπας λευκό κρεμμύδι, ψιλοκομμένο
- 1 πόμολο τζίντζερ 1 ίντσας, τριμμένο
- 2 φλιτζάνια αγνό γάλα καρύδας
- 2 κουταλιές της σούπας κόκκινες πιπεριές τσίλι, χοντροκομμένες
- 3 κουταλιές της σούπας κόλιανδρο, ψιλοκομμένο
- Αλάτι και πιπέρι για να γευτείς

Κατευθύνσεις:

a) Αλατοπιπερώνουμε τα φιλέτα σολομού με φρεσκοτριμμένο πιπέρι και αλάτι.

b) Σε χαμηλή προς μέτρια φωτιά, ζεσταίνουμε το βούτυρο και το ελαιόλαδο και μετά ρίχνουμε αμέσως το σκόρδο, το κρεμμύδι και το τζίντζερ σε μια μεγάλη κατσαρόλα. Ανακατεύουμε συνεχώς και μαγειρεύουμε για 2 λεπτά ή μέχρι να μυρίσουν αυτά τα μπαχαρικά. Προσθέστε τις πιπεριές τσίλι για λίγο φλογερό λάκτισμα.

c) Ρίχνουμε σιγά σιγά το γάλα καρύδας και αφήνουμε να πάρει μια βράση. Αφήστε το να σιγοβράσει για 10 λεπτά ή μέχρι να δέσει η σάλτσα.

d) Σε ξεχωριστό τηγάνι ρίχνουμε λίγο ελαιόλαδο και βάζουμε τα φιλέτα σολομού. Μαγειρέψτε κάθε πλευρά για 5 λεπτά σε χαμηλή φωτιά. Προσέχουμε να μην καούν τα φιλέτα και μετά τα μεταφέρουμε αμέσως σε πιατέλα σερβιρίσματος.

e) Περιχύνουμε με την πικάντικη σάλτσα καρύδας τα φιλέτα σολομού. Συμπληρώστε με φρεσκοκομμένο κόλιανδρο για εμφάνιση που αξίζει τα σάλια.

71. Πάπρικα ψητός σολομός με σπανάκι

Μερίδες: 6 μερίδες

Συστατικά:

- 6 φιλέτα ροζ σολομού, πάχους 1 ίντσας
- ¼ φλιτζάνι χυμό πορτοκαλιού, φρεσκοστυμμένο
- 3 κουταλάκια του γλυκού αποξηραμένο θυμάρι
- 3 κουταλιές της σούπας εξαιρετικό παρθένο ελαιόλαδο
- 3 κουταλάκια του γλυκού πάπρικα σε σκόνη
- 1 κουταλάκι του γλυκού κανέλα σε σκόνη
- 1 κουταλιά της σούπας μαύρη ζάχαρη
- 3 φλιτζάνια φύλλα σπανακιού
- Αλάτι και πιπέρι για να γευτείς

Κατευθύνσεις:

a) Αλείψτε ελαφρά λίγη ελιά σε κάθε πλευρά των φιλέτα σολομού και, στη συνέχεια, καρυκεύστε με πάπρικα σε σκόνη, αλάτι και πιπέρι. Αφήστε στην άκρη για 30 λεπτά σε θερμοκρασία δωματίου. Αφήνοντας τον σολομό να απορροφήσει την πάπρικα τρίψτε.

b) Σε ένα μικρό μπολ ανακατεύουμε το χυμό πορτοκαλιού, το ξερό θυμάρι, τη σκόνη κανέλας και την καστανή ζάχαρη.

c) Προθερμάνετε το φούρνο στους 400 F. Μεταφέρετε τον σολομό σε ταψί στρωμένο με αλουμινόχαρτο. Ρίχνουμε τη μαρινάδα στον σολομό. Μαγειρέψτε τον σολομό για 15-20 λεπτά.

d) Σε ένα μεγάλο τηγάνι, προσθέστε ένα κουταλάκι του γλυκού έξτρα παρθένο ελαιόλαδο και μαγειρέψτε το σπανάκι για περίπου λίγα λεπτά ή μέχρι να μαραθεί.

e) Σερβίρετε τον ψημένο σολομό με σπανάκι στο πλάι.

72. Σολομός Teriyaki με λαχανικά

Μερίδες: 4 μερίδες

Συστατικά:

- Αφαιρέθηκαν 4 φιλέτα σολομού, το δέρμα και τα κόκαλα από καρφίτσα
- 1 μεγάλη γλυκοπατάτα (ή απλά πατάτα), κομμένη σε μπουκιές
- 1 μεγάλο καρότο, κομμένο σε μπουκιές
- 1 μεγάλο λευκό κρεμμύδι, κομμένο σε φέτες
- 3 μεγάλες πιπεριές (πράσινες, κόκκινες και κίτρινες), ψιλοκομμένες
- 2 φλιτζάνια μπουκίτσες μπρόκολου (μπορούν να αντικατασταθούν με σπαράγγια)
- 2 κουταλιές της σούπας εξαιρετικό παρθένο ελαιόλαδο
- Αλάτι και πιπέρι για να γευτείς
- Φρέσκο κρεμμυδάκι, ψιλοκομμένο

Σάλτσα Teriyaki

- 1 φλιτζάνι νερό
- 3 κουταλιές της σούπας σάλτσα σόγιας
- 1 κουταλιά της σούπας σκόρδο, ψιλοκομμένο
- 3 κουταλιές της σούπας μαύρη ζάχαρη
- 2 κουταλιές της σούπας αγνό μέλι
- 2 κουταλιές της σούπας άμυλο καλαμποκιού (διαλυμένο σε 3 κουταλιές της σούπας νερό)
- $\frac{1}{2}$ κουταλιές της σούπας φρυγανισμένο σουσάμι

Κατευθύνσεις:

α) Σε ένα μικρό τηγάνι, χτυπήστε τη σάλτσα σόγιας, το τζίντζερ, το σκόρδο, τη ζάχαρη, το μέλι και το νερό σε χαμηλή φωτιά. Ανακατεύουμε συνεχώς μέχρι να σιγοβράσει το μείγμα. Ρίξτε το νερό με το καλαμποκάλευρο και περιμένετε μέχρι να πήξει το μείγμα. Προσθέστε το σουσάμι και αφήστε το στην άκρη.

b) Αλείφουμε ένα μεγάλο ταψί με ανάλατο βούτυρο ή σπρέι μαγειρέματος. Προθερμάνετε το φούρνο στους 400 F.

c) Σε ένα μεγάλο μπολ ρίχνουμε όλα τα λαχανικά και τα περιχύνουμε με ελαιόλαδο. Ανακατεύουμε καλά μέχρι να αλείψουν καλά τα λαχανικά με λάδι. Καρυκεύουμε με φρεσκοτριμμένο πιπέρι και λίγο αλάτι.

d) Μεταφέρετε τα λαχανικά στο ταψί. Σκορπίζουμε τα λαχανικά στα πλάγια και αφήνουμε λίγο χώρο στο κέντρο του ταψιού.

e) Τοποθετήστε τον σολομό στο κέντρο του ταψιού. Ρίξτε τα 2/3 της σάλτσας teriyaki στα λαχανικά και τον σολομό.

f) Ψήνουμε τον σολομό για 15-20 λεπτά.

g) Μεταφέρετε τον ψημένο σολομό και τα ψητά λαχανικά σε μια ωραία πιατέλα. Ρίξτε την υπόλοιπη σάλτσα teriyaki και γαρνίρετε με ψιλοκομμένα φρέσκα κρεμμυδάκια.

73. Σολομός στη σχάρα με φρέσκα ροδάκινα

Μερίδες: 6 μερίδες

Συστατικά:

- 6 φιλέτα σολομού, πάχους 1 ίντσας
- 1 μεγάλη κονσέρβα ροδάκινα σε φέτες, ελαφριά ποικιλία σιροπιού
- 2 κουταλιές της σούπας λευκή ζάχαρη
- 2 κουταλιές της σούπας ελαφριά σάλτσα σόγιας
- 2 κουταλιές της σούπας μουστάρδα Dijon
- 2 κουταλιές της σούπας ανάλατο βούτυρο
- 1 πόμο φρέσκου τζίντζερ 1 ίντσας, τριμμένο
- 1 κουταλιά της σούπας ελαιόλαδο, εξαιρετικής παρθένου ποικιλίας
- Αλάτι και πιπέρι για να γευτείς
- Φρεσκοκομμένο κόλιανδρο

Κατευθύνσεις:

a) Στραγγίζουμε τα ροδάκινα σε φέτες και κρατάμε περίπου 2 κουταλιές της σούπας ελαφρύ σιρόπι. Κόβουμε τα ροδάκινα σε κομμάτια μεγέθους μπουκιάς.

b) Τοποθετήστε τα φιλέτα σολομού σε ένα μεγάλο ταψί.

c) Σε μια μέτρια κατσαρόλα, προσθέστε το κρατημένο σιρόπι ροδάκινου, τη λευκή ζάχαρη, τη σάλτσα σόγιας, τη μουστάρδα Dijon, το βούτυρο, το ελαιόλαδο και το τζίντζερ. Συνεχίζουμε το ανακάτεμα σε χαμηλή φωτιά μέχρι να πήξει λίγο το μείγμα. Προσθέστε αλάτι και πιπέρι ανάλογα με τη γεύση.

d) Σβήνουμε τη φωτιά και απλώνουμε γενναιόδωρα λίγο από το μείγμα στα φιλέτα του σολομού, χρησιμοποιώντας ένα πινέλο για καθαρισμό.

e) Προσθέστε τα ροδάκινα σε φέτες στην κατσαρόλα και περιχύστε καλά με το γλάσο. Περιχύνουμε το σολομό με τα ροδάκινα γλασέ και απλώνουμε ομοιόμορφα.

f) Ψήστε τον σολομό για περίπου 10-15 λεπτά στους 420F. Προσέχετε προσεκτικά τον σολομό για να μην καεί το πιάτο.

g) Πασπαλίστε λίγο φρεσκοκομμένο κόλιαντρο πριν το σερβίρετε.

74. Σολομός με κρεμώδες πέστο

Μερίδες: 4 μερίδες

Συστατικά:

- 4 φιλέτα σολομού, πάχους 1 ίντσας
- $\frac{1}{4}$ φλιτζάνι γάλα πλήρες
- $\frac{1}{2}$ φλιτζάνι τυρί κρέμα, με μειωμένα λιπαρά/ελαφριά ποικιλία
- 1/3 φλιτζάνι σάλτσα πέστο βασιλικού
- 2 κουταλιές της σούπας εξαιρετικό παρθένο ελαιόλαδο
- Αλάτι και πιπέρι για να γευτείς
- Μαϊντανός φρεσκοκομμένος

Κατευθύνσεις:

a) Αλατοπιπερώνουμε τον σολομό. Προσθέστε λίγο ελαιόλαδο σε ένα τηγάνι και σοτάρετε τον σολομό για 5 λεπτά ανά πλευρά ή μέχρι να ψηθεί.

b) Μεταφέρετε τα φιλέτα σολομού σε πιατέλα σερβιρίσματος.

c) Σε μια μέτρια κατσαρόλα ζεσταίνουμε λίγο ελαιόλαδο και προσθέτουμε τη σάλτσα πέστο και μαγειρεύουμε για 2 λεπτά.

d) Ρίχνουμε το γάλα και το τυρί κρέμα και τα ανακατεύουμε όλα μαζί. Συνεχίζουμε το ανακάτεμα μέχρι να λιώσει τελείως το τυρί κρέμα με τη σάλτσα πέστο.

e) Ρίξτε το κρεμώδες πέστο στον σολομό. Γαρνίρουμε με φρεσκοκομμένο μαϊντανό.

75. Σαλάτα με σολομό και αβοκάντο

Μερίδες: 4 μερίδες

Συστατικά:

- 4 φιλέτα σολομού, χωρίς πέτσα
- 3 μέτρια αβοκάντο
- $\frac{1}{2}$ φλιτζάνι αγγούρι, κομμένο σε λεπτές φέτες
- Αλάτι και πιπέρι για να γευτείς
- 300 γραμμάρια φύλλα σαλάτας (μαρούλι, ρόκες και κάρδαμο)
- Μια χούφτα φρεσκοκομμένα φύλλα μέντας
- $\frac{1}{2}$ κόκκινο κρεμμύδι, κομμένο σε λεπτές φέτες
- 4 κουταλιές της σούπας αγνό μέλι
- 3 κουταλιές της σούπας εξαιρετικό παρθένο ελαιόλαδο
- 3 κουταλιές της σούπας χυμό λεμονιού, φρεσκοστυμμένο

Κατευθύνσεις:

a) Αλατοπιπερώνουμε ελαφρά τον σολομό.

b) Ψήστε ή ψήστε τον σολομό στους 420 F για 15-20 λεπτά ή μέχρι να γίνει ο επιθυμητός. Αφήστε στην άκρη για λίγο.

c) Σε μια μεγάλη σαλατιέρα, συνδυάστε το χυμό λεμονιού, το μέλι και το ελαιόλαδο. Αλατοπιπερώνουμε και προσαρμόζουμε τη γεύση αν χρειάζεται.

d) Κόβουμε τα αβοκάντο σε μπουκιές και τα βάζουμε στη σαλατιέρα.

e) Προσθέστε τα χόρτα της σαλάτας, το κόκκινο κρεμμύδι και τα φύλλα μέντας στο μπολ.

f) Ξεφλουδίστε τα φιλέτα σολομού σε κομμάτια μεγέθους μπουκιάς. Τα ρίχνουμε στο μπολ. Ανακατεύουμε καλά όλα τα υλικά.

76. Σοουρί λαχανικών σολομού

Μερίδες: 4 μερίδες

Συστατικά:
- 2 φιλέτα σολομού, αφαιρέστε το δέρμα και κόψτε σε μπουκιές
- 1 ½ φλιτζάνι λευκό κρεμμύδι, ψιλοκομμένο
- 1 ½ φλιτζάνι γλυκοπατάτα, ξεφλουδισμένη και κομμένη σε κύβους
- 1 φλιτζάνι μπουκίτσες μπρόκολου, κομμένες σε μικρά κομμάτια
- 3 φλιτζάνια ζωμό κότας
- 2 φλιτζάνια πλήρες γάλα
- 2 κουταλιές της σούπας αλεύρι για όλες τις χρήσεις
- 1 κουταλάκι του γλυκού αποξηραμένο θυμάρι
- 3 κουταλιές της σούπας ανάλατο βούτυρο
- 1 φύλλο δάφνης
- Αλάτι και πιπέρι για να γευτείς
- Μαϊντανός επίπεδος, ψιλοκομμένος

Κατευθύνσεις:
a) Μαγειρέψτε το ψιλοκομμένο κρεμμύδι σε ανάλατο βούτυρο μέχρι να γίνει διάφανο. Ρίχνουμε το αλεύρι και ανακατεύουμε καλά με το βούτυρο και το κρεμμύδι. Ρίχνουμε μέσα το ζωμό κοτόπουλου και το γάλα και μετά προσθέτουμε κύβους γλυκοπατάτας, τη δάφνη και το θυμάρι.
b) Αφήνουμε το μείγμα να σιγοβράσει για 5-10 λεπτά ανακατεύοντας κατά διαστήματα.
c) Προσθέστε τα μπουκετάκια σολομού και μπρόκολου. Στη συνέχεια, μαγειρέψτε για 5-8 λεπτά.
d) Αλατοπιπερώνουμε και προσαρμόζουμε τη γεύση όταν χρειάζεται.
e) Μεταφέρετε σε μικρά ατομικά μπολ και γαρνίρετε με ψιλοκομμένο μαϊντανό.

77. Κρεμώδης καπνιστός σολομός ζυμαρικά

Μερίδες: 2 μερίδες

Συστατικά:

- 2 μεγάλα φιλέτα καπνιστού σολομού, ξεφλουδισμένα σε μικρά κομμάτια
- $\frac{3}{4}$ φλιτζάνι τριμμένη παρμεζάνα
- $\frac{1}{2}$ φλιτζάνι κρέμα για όλες τις χρήσεις
- 1 μεγάλο κόκκινο κρεμμύδι, ψιλοκομμένο
- 3 κουταλιές της σούπας ανάλατο βούτυρο
- 2 κουταλιές της σούπας φρέσκο σκόρδο, ψιλοκομμένο
- 2 κουταλιές της σούπας γάλα πλήρες
- 1 κουταλιά της σούπας εξαιρετικό παρθένο ελαιόλαδο
- 250 γραμμάρια noodles fettuccine ή σπαγγέτι
- Αλάτι και πιπέρι για να γευτείς
- Φρέσκος μαϊντανός ως γαρνιτούρα

Κατευθύνσεις:

a) Σε μέτρια φωτιά, βάλτε μια μεσαίου προς μεγάλου μεγέθους κατσαρόλα με νερό να βράσει. Στη συνέχεια, προσθέστε το fettuccine (ή τα μακαρόνια noodles) και αφήστε το να ψηθεί για 10-12 λεπτά ή μέχρι να σφίξει όταν δαγκωθεί. Κρατήστε ½ φλιτζάνι νερό για ζυμαρικά και αφήστε το στην άκρη.

b) Σε ένα μεγάλο τηγάνι λιώνουμε το βούτυρο και το ελαιόλαδο. Προσθέστε το κρεμμύδι και το σκόρδο και μαγειρέψτε μέχρι το κρεμμύδι να γίνει διάφανο.

c) Προσθέτουμε την κρέμα γάλακτος και το γάλα και αφήνουμε να σιγοβράσει.

d) Προσθέστε την παρμεζάνα και συνεχίστε να ανακατεύετε τη σάλτσα μέχρι να ενωθεί καλά το τυρί με τη σάλτσα. Καρυκεύουμε με φρεσκοτριμμένο πιπέρι.

e) Προσθέστε το νερό στα ζυμαρικά σιγά σιγά στη σάλτσα και αφήστε το να σιγοβράσει. Σβήνουμε τη φωτιά όταν αρχίσουν να δημιουργούνται φυσαλίδες.

f) Στραγγίζουμε καλά τα ζυμαρικά και τα προσθέτουμε στο τηγάνι. Ανακατεύουμε καλά τα ζυμαρικά και τη σάλτσα και μετά προσθέτουμε τον ξεφλουδισμένο καπνιστό σολομό.

g) Σερβίρουμε αμέσως όσο είναι ζεστό και γαρνίρουμε με φρεσκοκομμένο μαϊντανό και τριμμένη παρμεζάνα.

78. Μαυρισμένος σολομός με ανάμεικτο ρύζι λαχανικών

Μερίδες: 4 μερίδες

Συστατικά:
Σολομός
- 4 φιλέτα σολομού, αφαιρεθεί η φλούδα
- 1 κουταλάκι του γλυκού πάπρικα γλυκιά
- 1 κουταλάκι του γλυκού αποξηραμένη ρίγανη
- 1 κουταλάκι του γλυκού αποξηραμένο θυμάρι
- 1 κουταλάκι του γλυκού κύμινο σε σκόνη
- $\frac{1}{2}$ κουταλάκι του γλυκού μάραθο αλεσμένο
- 1 κουταλιά της σούπας εξαιρετικό παρθένο ελαιόλαδο
- 1 κουταλιά της σούπας ανάλατο βούτυρο

Ρύζι
- 2 φλιτζάνια ρύζι γιασεμί
- 3 $\frac{1}{2}$ φλιτζάνια νερό
- $\frac{1}{2}$ φλιτζάνι γλυκό καλαμπόκι
- 1 μεγάλο λευκό κρεμμύδι, ψιλοκομμένο
- 1 μεγάλη πράσινη πιπεριά, ψιλοκομμένη
- $\frac{1}{2}$ φλιτζάνι φύλλα κόλιανδρου, ψιλοκομμένα
- $\frac{1}{4}$ φλιτζανιού φρέσκο κρεμμυδάκι, ψιλοκομμένο
- $\frac{1}{2}$ φλιτζάνι μαύρα φασόλια, στραγγισμένα καλά
- $\frac{1}{2}$ κουταλάκι του γλυκού καπνιστή ισπανική πάπρικα
- 2 κουταλιές της σούπας χυμό λάιμ, φρεσκοστυμμένο
- 1 κουταλιά της σούπας εξαιρετικό παρθένο ελαιόλαδο

Κατευθύνσεις:
α) Σε ένα ρηχό μέτριο μπολ, συνδυάστε όλα τα καρυκεύματα για τον σολομό. Αλατοπιπερώνουμε ελαφρά και προσαρμόζουμε τη γεύση σύμφωνα με τις προτιμήσεις σας. Καλύψτε κάθε σολομό με το μείγμα μπαχαρικών. Αφήνουμε στην άκρη και αφήνουμε τον σολομό να απορροφήσει όλες τις γεύσεις.

b)   Ζεσταίνουμε το ελαιόλαδο σε μέτρια κατσαρόλα σε χαμηλή φωτιά. Προσθέστε το κρεμμύδι, το γλυκό καλαμπόκι και την πιπεριά. ανακατεύουμε μέχρι το κρεμμύδι να γίνει διάφανο. Προσθέστε την πάπρικα και ανακατέψτε για 2 λεπτά. Ρίχνουμε το νερό και προσθέτουμε το ρύζι γιασεμί. Αφήνουμε να σιγοβράσει και σκεπάζουμε την κατσαρόλα. Μαγειρέψτε για 15-20 λεπτά ή μέχρι το ρύζι να απορροφήσει πλήρως όλο το νερό. Αφήνουμε στην άκρη για 5 λεπτά.

c)   Προσθέστε τα μαύρα φασόλια, τον κόλιανδρο, το φρέσκο κρεμμυδάκι και το χυμό λάιμ στο μαγειρεμένο ρύζι. Ανακατεύουμε καλά.

d)   Ζεσταίνουμε το ελαιόλαδο και το βούτυρο σε ένα τηγάνι σε μέτρια φωτιά. Μαγειρέψτε τον σολομό για 8-10 λεπτά από κάθε πλευρά.

e)   Τοποθετούμε σε πιατέλα μαζί με το ανάμεικτο ρύζι λαχανικών.

79. Σολομός τζίντζερ με σάλτσα πεπόνι μελιτώματος

Μερίδες: 4 μερίδες

Συστατικά:
- 4 φιλέτα σολομού, χωρίς πέτσα
- 2 φλιτζάνια πεπόνι μελιτώματος, κομμένο σε μικρούς κύβους
- 2 κουταλιές της σούπας χυμό λεμονιού, φρεσκοστυμμένο
- $\frac{1}{4}$ φλιτζάνι φύλλα κόλιανδρου, φρεσκοκομμένα
- 2 κουταλιές της σούπας φύλλα μέντας, ψιλοκομμένα
- 1 κουταλάκι του γλυκού νιφάδες κόκκινου τσίλι
- 3 κουταλιές της σούπας φρέσκο τζίντζερ, τριμμένο
- 2 κουταλάκια του γλυκού σκόνη κάρυ
- 2 κουταλιές της σούπας εξαιρετικό παρθένο ελαιόλαδο
- Αλάτι και άσπρο πιπέρι για γεύση

Κατευθύνσεις:
a) Συνδυάστε πεπόνι, κόλιανδρο, μέντα, χυμό λεμονιού και νιφάδες τσίλι σε ένα μεσαίο μπολ. Αλατοπιπερώνουμε και προσαρμόζουμε τα καρυκεύματα όταν χρειάζεται.

b) Κρυώνουμε τη σάλτσα στο ψυγείο για τουλάχιστον 15 λεπτά.

c) Σε ένα ξεχωριστό μπολ, ανακατέψτε το τριμμένο τζίντζερ, τη σκόνη κάρυ, το αλάτι και το πιπέρι. Απλώστε αυτό το μείγμα σε κάθε πλευρά των φιλετών σολομού.

d) Αφήνουμε στην άκρη για 5 λεπτά για να μαριναριστούν τα ψάρια.

e) Ζεσταίνουμε το ελαιόλαδο σε χαμηλή προς μέτρια φωτιά. Μαγειρέψτε τον σολομό για 5-8 λεπτά από κάθε πλευρά ή μέχρι το ψάρι να γίνει αδιαφανές στο κέντρο.

f) Σερβίρετε τον σολομό με την παγωμένη salsa πεπονιού στο πλάι.

80. Σολομός ασιατικού στιλ με νουντλς

Μερίδες: 4 μερίδες

Συστατικά:

Σολομός

- 4 φιλέτα σολομού, αφαιρεθεί η φλούδα
- 2 κουταλιές της σούπας καβουρδισμένο σησαμέλαιο
- 2 κουταλιές της σούπας αγνό μέλι
- 3 κουταλιές της σούπας ελαφριά σάλτσα σόγιας
- 2 κουταλιές της σούπας λευκό ξύδι
- 2 κουταλιές της σούπας σκόρδο, ψιλοκομμένο
- 2 κουταλιές της σούπας φρέσκο τζίντζερ, τριμμένο
- 1 κουταλάκι του γλυκού καβουρδισμένο σουσάμι
- Ψιλοκομμένο φρέσκο κρεμμυδάκι για γαρνίρισμα

Χυλοπίτες ρυζιού

- 1 πακέτο νουντλς ασιατικού ρυζιού

Σάλτσα

- 2 κουταλιές της σούπας σάλτσα ψαριού
- 3 κουταλιές της σούπας χυμό λάιμ, φρεσκοστυμμένο
- Νιφάδες τσίλι

Κατευθύνσεις:

a) Για τη μαρινάδα σολομού, συνδυάστε σησαμέλαιο, σάλτσα σόγιας, ξύδι, μέλι, ψιλοκομμένο σκόρδο και σουσάμι. Ρίξτε μέσα στον σολομό και αφήστε το ψάρι να μαριναριστεί για 10-15 λεπτά.

b) Τοποθετούμε τον σολομό σε ένα ταψί, το οποίο αλείφουμε ελαφρά με ελαιόλαδο. Μαγειρέψτε για 10-15 λεπτά στους 420F.

c) Όσο ο σολομός είναι στο φούρνο, μαγειρέψτε τα noodles ρυζιού σύμφωνα με τις οδηγίες της συσκευασίας. Στραγγίζουμε καλά και μεταφέρουμε σε ατομικά μπολ.

d) Ανακατεύουμε τη σάλτσα ψαριού, το χυμό λάιμ και τις νιφάδες τσίλι και περιχύνουμε τα νουντλς ρυζιού.

e) Γεμίστε κάθε μπολ με νουντλς με φρεσκοψημένα φιλέτα σολομού. Γαρνίρουμε με φρέσκα κρεμμυδάκια και σουσάμι.

81. Ρύζι λεμονάτο με τηγανητό σολομό

Μερίδες: 4 μερίδες

Συστατικά:

Ρύζι
- 2 φλιτζάνια ρύζι
- 4 φλιτζάνια ζωμό κότας
- $\frac{1}{2}$ κουταλάκι του γλυκού λευκό πιπέρι
- $\frac{1}{2}$ κουταλάκι του γλυκού σκόνη σκόρδου
- 1 μικρό λευκό κρεμμύδι, ψιλοκομμένο
- 1 κουταλάκι του γλυκού ψιλοτριμμένο ξύσμα λεμονιού
- 2 κουταλιές της σούπας χυμό λεμονιού, φρεσκοστυμμένο

Σολομός
- 4 φιλέτα σολομού, αφαιρέθηκαν τα κόκαλα από καρφίτσα
- Αλάτι και πιπέρι για να γευτείς
- 2 κουταλιές της σούπας εξαιρετικό παρθένο ελαιόλαδο

Σάλτσα άνηθου
- $\frac{1}{2}$ φλιτζάνι ελληνικό γιαούρτι, ποικιλία χαμηλών λιπαρών
- 1 κουταλιά της σούπας χυμό λεμονιού, φρεσκοστυμμένο
- 1 κουταλιά της σούπας φρέσκο κρεμμυδάκι, ψιλοκομμένο
- 2 κουταλιές της σούπας φύλλα φρέσκου άνηθου, ψιλοκομμένα
- 1 κουταλάκι του γλυκού ξύσμα φρέσκου λεμονιού

Κατευθύνσεις:
a) Ανακατεύουμε όλα τα υλικά για τη σάλτσα άνηθου σε ένα μικρό μπολ. Βάζουμε στο ψυγείο για τουλάχιστον 15 λεπτά.

b) Σε μια μεσαία κατσαρόλα βάζουμε τον ζωμό κότας να πάρει μια βράση. Προσθέστε το ρύζι, το σκόρδο, το κρεμμύδι και το λευκό πιπέρι και ανακατέψτε απαλά.

c) Σκεπάζουμε την κατσαρόλα και μαγειρεύουμε μέχρι το ρύζι να απορροφήσει όλο τον ζωμό κοτόπουλου.

d) Μόλις απορροφηθεί τελικά ο ζωμός, προσθέστε το ξύσμα και το χυμό λεμονιού και ανακατέψτε καλά να ενωθούν. Βάλτε ξανά το καπάκι και μαγειρέψτε το ρύζι για άλλα 5 λεπτά.

e) Σε ένα μεγάλο τηγάνι ζεσταίνουμε το ελαιόλαδο σε χαμηλή φωτιά. Αλατοπιπερώνουμε τον σολομό πριν τον τηγανίσουμε. Μαγειρέψτε τον σολομό για 5-8 λεπτά από κάθε πλευρά ή μέχρι τον επιθυμητό βαθμό μαγειρέματος.

f) Σερβίρετε τον τηγανητό σολομό με ρύζι και σάλτσα.

82. Σαλάτα ζυμαρικών με σολομό Αλάσκας και αβοκάντο

Απόδοση: 4 μερίδες

Συστατικό
- 6 ουγγιές Ξηρά ζυμαρικά
- 1 κονσέρβα σολομός Αλάσκας
- 2 κουταλιές της σούπας γαλλικό dressing
- 1 ματσάκι Πράσινο κρεμμύδι? κομμένο σε λεπτές φέτες
- 1 Κόκκινη πιπεριά
- 3 κουταλιές της σούπας κόλιανδρο ή μαϊντανό? ψιλοκομμένο
- 2 κουταλιές της σούπας ελαφριά μαγιονέζα
- 1 Lime; χυμό και φλούδα τριμμένο
- 1 κουταλιά της σούπας πελτέ ντομάτας
- 3 ώριμα αβοκάντο. σε κύβους
- $\frac{1}{2}$ φλιτζάνι κρέμα γάλακτος
- Φύλλα μαρουλιού για σερβίρισμα
- Πάπρικα για γεύση

Κατευθύνσεις:
a) Βράζουμε τα ζυμαρικά σύμφωνα με τις οδηγίες της συσκευασίας. Στραγγίζουμε και περιχύνουμε με το γαλλικό ντρέσινγκ. Αφήστε να κρυώσει. Στραγγίζουμε και ξεφλουδίζουμε τον σολομό. Προσθέστε στα ζυμαρικά με τα πράσινα κρεμμυδάκια, την πιπεριά σε φέτες και τον κόλιανδρο.

b) Χτυπάμε μαζί το χυμό λάιμ και την τριμμένη φλούδα, τη μαγιονέζα, την κρέμα γάλακτος και τον πελτέ ντομάτας μέχρι να ενωθούν καλά. Ρίξτε τη σαλάτα ζυμαρικών με το dressing. Αλατοπιπερώνετε με αλάτι και πιπέρι; καλύψτε και παγώστε. Πριν σερβίρετε, ρίξτε απαλά τα αβοκάντο στη σαλάτα.

c) Ρίξτε τη σαλάτα σε ένα κρεβάτι με φύλλα μαρουλιού. Πασπαλίζουμε με πάπρικα για το γαρνίρισμα.

83. Σάντουιτς με σολομό Αλάσκας

Απόδοση: 6 σάντουιτς

Συστατικό

- 15½ ουγγιά Κονσερβοποιημένος σολομός Αλάσκας
- ⅓φλιτζάνι Απλό γιαούρτι χωρίς λιπαρά
- ⅓φλιτζάνι ψιλοκομμένα φρέσκα κρεμμυδάκια
- ⅓φλιτζάνι ψιλοκομμένο σέλινο
- 1 κουταλιά της σούπας χυμό λεμονιού
- Μαύρο πιπέρι; να δοκιμάσω
- 12 φέτες ψωμί

Κατευθύνσεις:

a) Στραγγίζουμε και ξεφλουδίζουμε τον σολομό. Ανακατεύουμε με τα υπόλοιπα υλικά εκτός από το πιπέρι και το ψωμί. Καρυκεύουμε με πιπέρι για γεύση.

b) Απλώστε το μείγμα σολομού στις μισές φέτες ψωμιού. από πάνω με το υπόλοιπο ψωμί. Κόψτε τα σάντουιτς στη μέση ή στα τέταρτα.

c) Φτιάχνει 6 σάντουιτς.

84. Σαλάτα καπνιστού σολομού, αγγουριού και ζυμαρικών

Απόδοση: 3 μερίδες

Συστατικό

- 3 ουγγιές Λεπτά μακαρόνια? μαγείρευτος
- $\frac{1}{2}$ αγγούρι; σε τέταρτα/φέτες
- 3 μεγάλα Κλαδιά φρέσκο άνηθο
- 1 φλιτζάνι μαρούλι φύλλα? σχισμένο μέγεθος μπουκιάς
- 1 ή 2 φρέσκα κρεμμυδάκια με μερικές από τις κορυφές.
κομμένο φέτες
- 3 ουγγιές καπνιστός σολομός? ξεφλουδισμένα (έως 4)
- $\frac{1}{4}$ φλιτζάνι κρέμα γάλακτος χωρίς λιπαρά ή με χαμηλά λιπαρά
- 2 κουταλιές της σούπας γιαούρτι χωρίς λιπαρά. (πεδιάδα)
- 1 κουταλιά της σούπας χυμό λεμονιού
- 1 ντομάτα? σε σφήνες
- Φρέσκα κλωνάρια μαϊντανού

Κατευθύνσεις:

a) Βράζετε τα ζυμαρικά σε αλατισμένο νερό που βράζει. Εν τω μεταξύ, συνδυάστε τα υπόλοιπα υλικά της σαλάτας σε μέτριο μπολ, κρατώντας μερικές νιφάδες σολομού για να τις χρησιμοποιήσετε ως γαρνιτούρα. Σε ένα μικρό μπολ ανακατεύουμε τα υλικά του ντρέσινγκ.

b) Ανακατεύουμε τα κρύα ζυμαρικά με τα υπόλοιπα υλικά της σαλάτας. Προσθέστε το dressing και ανακατέψτε ελαφρά να ανακατευτούν. Γαρνίρετε με κρατημένες νιφάδες σολομού, ντομάτες και μαϊντανό. Ψύχρα.

c) Βγάζουμε από το ψυγείο 10 λεπτά πριν το σερβίρισμα.

85. Καραμελωμένος σολομός πάνω από μια ζεστή πατατοσαλάτα

Απόδοση: 4 μερίδες

Συστατικό

- 2 κουταλιές της σούπας ελαιόλαδο
- $\frac{1}{2}$ κιλό αλεσμένο λουκάνικο andouille
- 2 φλιτζάνια κρεμμύδια ζουλιέν
- 1 αλάτι? να δοκιμάσω
- 1 φρεσκοτριμμένο μαύρο πιπέρι? να δοκιμάσω
- 1 κουταλιά της σούπας ψιλοκομμένο σκόρδο
- 2 κιλά λευκές πατάτες? ξεφλουδισμένα, σε μικρά κυβάκια,
- 1 και ψήνεται μέχρι να μαλακώσει
- $\frac{1}{4}$ φλιτζάνι μουστάρδα κρεόλ
- $\frac{1}{4}$ φλιτζάνι ψιλοκομμένα φρέσκα κρεμμυδάκια? μόνο πράσινο

μέρος

- 8 φιλέτα σολομού
- 1 έκρηξη bayou
- 2 φλιτζάνια κρυσταλλική ζάχαρη
- 2 κουταλιές της σούπας ψιλοκομμένα φύλλα φρέσκου μαϊντανού

Κατευθύνσεις:

a) Σε ένα μεγάλο τηγάνι, σε μέτρια φωτιά, προσθέστε μια κουταλιά της σούπας λάδι.

b) Όταν ζεσταθεί το λάδι προσθέτουμε το λουκάνικο. Ροδίζουμε το λουκάνικο για 2 λεπτά. Προσθέστε τα κρεμμύδια. Αλατοπιπερώνουμε. Σοτάρουμε τα κρεμμύδια για 4 λεπτά ή μέχρι να μαλακώσουν. Προσθέστε το σκόρδο και τις πατάτες.

c) Αλατοπιπερώνουμε. Συνεχίζουμε το σοτάρισμα για 4 λεπτά. Προσθέστε τη μουστάρδα και τα πράσινα κρεμμυδάκια. Αποσύρουμε από τη φωτιά και αφήνουμε στην άκρη. Αλατοπιπερώστε και τις δύο πλευρές του σολομού με Bayou Blast.

d) Ρίξτε τον σολομό με τη ζάχαρη, καλύπτοντας εντελώς. Ζεσταίνουμε το υπόλοιπο λάδι σε δύο μεγάλα τηγάνια. Προσθέστε τον σολομό και μαγειρέψτε για περίπου 3 λεπτά από κάθε πλευρά ή μέχρι να καραμελώσει ο σολομός.

e) Τοποθετήστε τη ζεστή πατατοσαλάτα στο κέντρο κάθε πιάτου. Στρώνουμε τον σολομό πάνω από τη σαλάτα. Γαρνίρουμε με μαϊντανό.

86. Πηγμένη σαλάτα σολομού

Απόδοση: 6 μερίδες

Συστατικό

- 2 κουταλιές της σούπας ζελατίνη χωρίς γεύση
- $\frac{1}{4}$ φλιτζάνι κρύο νερό
- 1 φλιτζάνι βραστό νερό
- 3 κουταλιές της σούπας φρεσκοστυμμένο χυμό λεμονιού
- 2 φλιτζάνια σολομός σε νιφάδες
- $\frac{3}{4}$ φλιτζάνι ντρέσινγκ σαλάτας ή μαγιονέζα
- 1 φλιτζάνι σέλινο κομμένο σε κύβους
- $\frac{1}{4}$ φλιτζάνι πράσινη πιπεριά ψιλοκομμένη
- 1 κουταλάκι του γλυκού ψιλοκομμένο κρεμμύδι
- $\frac{1}{2}$ κουταλάκι του γλυκού Αλάτι
- 1 παύλα πιπέρι

Κατευθύνσεις:

a) Μαλακώστε τη ζελατίνη σε κρύο νερό. προσθέστε βραστό νερό και μετά ψύξτε καλά. Προσθέστε χυμό λεμονιού, σολομό, dressing σαλάτας ή μαγιονέζα και καρυκεύματα.

b) Ρίξτε σε λαδωμένη φόρμα και κρυώστε μέχρι να σφίξει.

Απόδοση: 6 μερίδες.

87. Δροσερή σαλάτα για τους λάτρεις του σολομού

Απόδοση: 4 μερίδες

Συστατικό
- 1 κιλό Μαγειρεμένος βασιλιάς ή σολομός coho? σπασμένο σε κομμάτια
- 1 φλιτζάνι σέλινο κομμένο σε φέτες
- ½ φλιτζάνι λάχανο χοντροκομμένο
- 1¼ φλιτζάνι μαγιονέζα ή ντρέσινγκ σαλάτας. (έως 1 1/2)
- ½ φλιτζάνι απόλαυση γλυκού τουρσί
- 1 κουταλιά της σούπας Έτοιμο χρένο
- 1 κουταλιά της σούπας κρεμμύδι ψιλοκομμένο
- ¼ κουταλάκι του γλυκού Αλάτι
- 1 παύλα πιπέρι
- Φύλλα μαρουλιού? φύλλα ρώμης, ή αντίδι
- Ραπανάκια σε φέτες
- Φέτες άνηθο-τουρσί
- Ρολά ή κράκερ

Κατευθύνσεις:
a) Χρησιμοποιώντας ένα μεγάλο μπολ ανάμειξης, ανακατέψτε απαλά το σολομό, το σέλινο και το λάχανο.

b) Σε ένα άλλο μπολ, ανακατέψτε μαζί τη μαγιονέζα ή το dressing σαλάτας, το τουρσί, το χρένο, το κρεμμύδι, το αλάτι και το πιπέρι. Το προσθέτουμε στο μείγμα του σολομού και ανακατεύουμε να στραγγιστεί. Σκεπάζετε τη σαλάτα και αφήνετε να κρυώσει μέχρι το σερβίρισμα (έως 24 ώρες).

c) Στρώστε μια σαλατιέρα με χόρτα. Ρίχνουμε με κουτάλι το μείγμα του σολομού. Από πάνω ρίχνουμε ραπανάκια και πίκλες άνηθου. Σερβίρετε τη σαλάτα με ρολά ή κράκερ.

d) Κάνει 4 μερίδες κυρίως πιάτου.

88. Σαλάτα σολομού άνηθο

Απόδοση: 6 μερίδες

Συστατικό

- 1 φλιτζάνι απλό γιαούρτι χωρίς λιπαρά
- 2 κουταλιές της σούπας ψιλοκομμένος φρέσκος άνηθος
- 1 κουταλιά της σούπας ξύδι από κόκκινο κρασί
- Αλάτι και φρεσκοτριμμένο πιπέρι
- 1 φιλέτο σολομού 2 λίβρες (πάχος 1") καθαρισμένο από το δέρμα και τα ρινίσματα
- 1 κουταλιά της σούπας λάδι Canola
- $\frac{1}{2}$ κουταλάκι του γλυκού Αλάτι
- $\frac{1}{2}$ κουταλάκι του γλυκού φρεσκοτριμμένο πιπέρι
- 1 μέτριο αγγούρι
- Σγουρό φύλλο μαρούλι
- 4 ώριμες ντομάτες. σε λεπτές φέτες
- 2 μεσαία Κόκκινα κρεμμύδια? ξεφλουδίζονται και κόβονται σε λεπτές φέτες και χωρίζονται σε δαχτυλίδια
- 1 Λεμόνι; κομμένο στη μέση και κομμένο σε λεπτές φέτες

Κατευθύνσεις:

a) Φτιάχνουμε το ντρέσινγκ: Ανακατεύουμε το γιαούρτι, τον άνηθο, το ξύδι, αλάτι και πιπέρι. Διατηρώ ψυχρόν. Φτιάχνουμε τη σαλάτα: Ραντίζουμε τον σολομό και από τις δύο πλευρές με λάδι, αλάτι και πιπέρι.

b) Ζεσταίνουμε το γκριλ μέχρι να ζεσταθεί πολύ. Τοποθετήστε το σολομό στη σχάρα και μαγειρέψτε, σκεπασμένο, μέχρι να αφρατέψει, περίπου $3\frac{1}{2}$ λεπτά από κάθε πλευρά. Μεταφέρουμε σε πιατέλα σερβιρίσματος και αφήνουμε να ξεκουραστεί για τουλάχιστον 5 λεπτά. Χαράζουμε σε φέτες $\frac{1}{2}$ ιντσών.

c) Βάζουμε το σολομό σε ένα μπολ και περιχύνουμε με το dressing. Σκεπάζουμε και βάζουμε στο ψυγείο. Λίγο πριν το σερβίρισμα, ξεφλουδίζουμε το αγγούρι και το κόβουμε στη μέση κατά μήκος. Χρησιμοποιώντας ένα μικρό κουτάλι, ξύστε το κέντρο για να αφαιρέσετε τους σπόρους. Σε λεπτές φέτες.

d) Μείγμα σολομού στο κέντρο μιας μεγάλης πιατέλας με επένδυση από φύλλα μαρουλιού. Περιβάλλετε με αγγούρι, ντομάτες, κρεμμύδια και φέτες λεμονιού. Γαρνίρουμε με επιπλέον άνηθο αν θέλουμε.

89. Σολομός με τραγανά μυρωδικά και ανατολίτικη σαλάτα

Απόδοση: 1 μερίδα

Συστατικό
- 160 γραμμάρια φιλέτο σολομού
- 5 γραμμάρια κινέζικη σκόνη Five Spice
- 15 χιλιοστόλιτρα σάλτσα σόγιας
- 10 γραμμάρια ντομάτα; Σε κύβους
- 2 κουταλάκια του γλυκού βινεγκρέτ
- 20 χιλιοστόλιτρα Ελαιόλαδο
- 40 γραμμάρια ανάμεικτα φύλλα σαλάτας
- 5 γραμμάρια τηγανητό βασιλικό, κόλιανδρο, μαϊντανό
- 10 γραμμάρια κάστανα νερού; Κομμένο φέτες
- 10 γραμμάρια αποφλοιωμένες κόκκινες και πράσινες πιπεριές.
Julienned
- Αλάτι και μαύρο πιπέρι

Κατευθύνσεις:
a) Μαρινάρετε τον σολομό σε σάλτσα σόγιας και πέντε μπαχαρικά.
Τηγανίζουμε σε λίγο ελαιόλαδο και ψήνουμε αργά και από τις δύο
πλευρές.

b) Ντύστε τα φύλλα σαλάτας. Πασπαλίζουμε με νερό κάστανα,
ρίχνουμε από πάνω σολομό και τακτοποιούμε γύρω-γύρω φύλλα
σαλάτας με πιπέρι.

90. Σαλάτα με νησιώτικο σολομό

Απόδοση: 1 μερίδα

Συστατικό
- 8 ουγγιές Σολομός ή άλλα σφιχτά φιλέτα ψαριού
- 1 κουταλιά της σούπας Ελαιόλαδο
- 1 κουταλιά της σούπας χυμό λάιμ ή λεμόνι
- 1 κουταλάκι του γλυκού καρύκευμα Cajun ή Jamaican Jerk
- 6 φλιτζάνια Σκισμένα ανάμεικτα χόρτα
- 2 μεσαία Πορτοκάλια? ξεφλουδισμένα και κομμένα
- 1 φλιτζάνι φράουλες? κατά το ήμισυ
- 1 μέτριο αβοκάντο? μισοκομμένο, ξεσπομιασμένο,
ξεφλουδισμένο, κομμένο σε φέτες
- 1 μέτριο μάνγκο? σπόροι, ξεφλουδισμένοι, κομμένοι σε φέτες
- ¼ φλιτζάνι ψιλοκομμένα καρύδια Macadamia ή αμύγδαλα.
φρυγανισμένο
- Μπολ Τορτίγια
- Ντρέσινγκ εστραγκόν-βουτυρόγαλα
- Μπούκλες από φλούδα λάιμ

Κατευθύνσεις:
a)   Αλείφουμε τα ψάρια με λάδι, πασπαλίζουμε με χυμό λάιμ ή
λεμόνι και καρυκεύματα. Τοποθετούμε σε ένα καλάθι με λαδόκολλα.
Ψήστε στη σχάρα για 4-6 λεπτά για κάθε ½" πάχους ή μέχρι το
ψάρι να ξεφλουδίσει εύκολα, γυρίζοντας μια φορά. Κόψτε το ψάρι σε
κομμάτια μεγέθους μπουκιάς.

b)   Συνδυάστε τα ψάρια, τα χόρτα, τα πορτοκάλια, τις φράουλες,
το αβοκάντο και τους ξηρούς καρπούς σε ένα μεγάλο μπολ
ανάμειξης: ανακατέψτε απαλά να ανακατευτούν. Ρίξτε ένα κουτάλι
στα μπολ με τορτίγια και περιχύστε με το ντρέσινγκ.

c)   Γαρνίρετε κάθε μερίδα με μια μπούκλα φλούδας λάιμ, αν θέλετε.

ΣΥΜΠΕΡΑΣΜΑ

Φρέσκο ή κατεψυγμένο, όλοι αγαπάμε τον σολομό! Αν και πρέπει να παραδεχτούμε ότι το φρέσκο είναι πάντα το πιο νόστιμο. Για να είμαι ειλικρινής, όμως, δεν έχει σημασία ποιο είδος χρησιμοποιείτε για αυτές τις συνταγές.
Εκτός αυτού, ο σολομός είναι εξαιρετικά υγιεινός επειδή είναι γεμάτος καλά λιπαρά που είναι καλά για τα νύχια, το δέρμα και τα μαλλιά σας. οπότε δεν υπάρχουν δικαιολογίες για να μην το μαγειρέψετε.

Milton Keynes UK
Ingram Content Group UK Ltd.
UKHW020731220923
429186UK00015B/848